JN194343

早稲田大学トランスナショナルHRM研究所 招聘研究員
経済キャスター
鈴木ともみ

資産寿命を延ばす逆算力

今からでも
間に合う!
人生100年時代を
生きるための
資産形成

シャスタインターナショナル

過去57年間を振り返れば、
世界を揺るがすような時代の浮き沈みや
悲惨な出来事にもかかわらず、
堅実な投資原則に従えば
概して手堅い結果を得られるという事実は、
常に変わることがなかった。

ベンジャミン・グレアム

プロローグ――

「老後2000万円問題」の正体とは何か？

人は習慣で行動するので、
正しい思考と振るまいを早いうちに習慣化させるべきだ

ウォーレン・バフェット

この本を手に取っていただいて、ありがとうございます。
手に取っていただいた理由はなんですか?

「今、老後のお金のことで心配だから」
「将来に向けて、少しでもお金を増やしたいと思っているので」
「年金なんてあてにならないから、投資でも始めてみようかと思って」
それとも、
「なんか面白そうだから」
「女性キャスターが書いたわかりやすそうな投資の本だから」

手に取っていただいた理由は、それぞれあると思いますが、ありがとうございます。

自己紹介が遅れました、私はこの本の著者で本業はキャスターをしています鈴木ともみと申します。

主にテレビやラジオで経済や株式のニュース番組を担当しています。

これまで国内外の政治家、経営者、経済人やマーケット関係者にインタビューや取材を経験してきています。


この本は、そんな私のこれまでの仕事での経験や知識を活かして、「『投資家思考』でライフプランを立てることこそが幸せにつながりますよ」という発想のもとに、「投資をしたらお金で損するんじゃないかという投資についての誤解」や、「老後や将来に備えての資産形成の考え方」などをわかりやすく書いてみました。

また、ライフプランの立て方や投資についての心構えなどを、女性ならではの視点でまとめています。


90分もあれば読み終えてしまう本ですが、内容はみなさんのこれからの資産形成に役立つ濃いものとなっています。

どうぞ、最後まで楽しんで読んでください。

降って湧いた「老後2000万円問題」

平成が終わり、令和の新時代が始まって間もない令和元年6月、金融庁の金融審議会市場ワーキング・グループがまとめた報告書が、突然世間を騒がせました。いわゆる「老後2000万円問題」です。

年金制度は「100年安心」と謳ってきたのに、急に「95歳まで生きるには年金以外に2000万円必要」と言われてもどうすればいいの?と思われた方が、ほとんどだと思います。

2018年の日本人の平均寿命は女性が87・32歳、男性が81・25歳です。内閣府公表の『令和元年版　高齢社会白書』「平均寿命の推移と将来推計」によると、平均寿命は今後も延びると予想され、2060年には女性は91・06歳、男性は84・66歳になるとされています。

私たちは、まさに「人生100年時代」に向かって生きています。

「老後2000万円問題」の不都合な真実

令和元年6月に世間を騒がせた「老後2000万円問題」。

テレビやマスコミに多く取り上げられたこの問題の真実をきちんと理解している方は、実のところほとんどいないように思います。

「2000万円」不足するという言葉だけが、独り歩きして、「老後2000万円」の本当の意味が伝わっていないのです。

この報告書をまとめた市場ワーキング・グループのメンバーの一人でもある、セゾン投信株式会社代表取締役社長の中野晴啓氏も、

「報告書は、2000万円が絶対必要だとは断言していません。

ライフスタイルによってはそうなる可能性もある、ということを指摘しているだけです。

大切なのは、自分のライフプランをしっかりと想定し、そこから必要な資金を逆算し、資産運用などによって早い段階から蓄積していくこと。人生80年時代よりも『20年長く生きる』という現実を受け止め、一人ひとり、自分の生き方を描いていくこと。

そのことを強く提案しているのがこの報告書の趣旨です」

と語っています。

つまり、ライフスタイルは一人ひとり違うのだから、2000万円必要な人もいるし、必要でない人もいる、ということなのです。

大切なのは、老後のライフプランを考えて、必要なお金がいくらかを知ること。

老後資金はないより、あったほうがいい

しかしながら、自分の思い描く老後ライフを過ごすうえでも精神的な安心を得るうえでも、老後資金は余裕があったほうが、いいに決まっています。

そこで大切になってくる考え方は、老後のライフスタイルをイメージし、必要な金額を想定することです。

そして、想定した必要な金額から逆算して、老後を生きるために十分な資産形成を図っていくことです。

もし、さまざまな事情で十分に資産形成を図れない場合は、働く期間を延ばして収入を得るという選択をしなければなりません。

大切なのは、「資産寿命」を延ばすという考え方です。

ここでいう「資産」とは、現金、預金、株式、投信などのことです。

仮に2000万円あれば、老後は安心だと言われても、それは現時点での安心でしかありません。

将来起こることは誰にも予測できないのです。

将来の不慮の事態に備えるためにも、自分の持つお金などの資産に長く働いてもらい、「資産寿命」を延ばすことが大切です。

この本でお話ししたいこと

この本は、「老後2000万円問題」の話を聞いて急に不安になった方、漠然と老後のお金の不安を抱いていた方、銀行に預金していて全然増えないのはわかっているけれど、株とか投信とかを買うと損をするのではないかと、投資をすることに不安を持っている方々に、「資産寿命」を延ばすために必要な知識をわかりやすくまとめた本です。

具体的には、次のような構成で、話を進めていきます。

第1章　「逆算力」を身につける
第2章　将来の安心を手に入れる「資産寿命」という発想

金融庁が、２０１６年に発表した「平成27事務年度　金融レポート」で、「貯蓄から資産形成へ」という項目があるように、長期・積立・分散投資を通じた資産形成の必要性が国をあげて前面に打ち出されました。

日本では、「投資」という言葉に対して、先入観や誤解が多いですが、少しでもこの本によって誤解が解け、投資と資産形成についての理解が深まれば幸いです。

今からでも間に合う！
人生100年時代を生きるための資産形成
資産寿命を延ばす逆算力

目次

第4章

資産形成に「逆算力」を活かす

資産形成は「長期・積立・分散投資」が基本
人生に必要な三大資金
「教育資金」と「住宅資金」の不安を解消する
資金別、マネープランの立て方
つみたてNISAを活用する
投資信託に「逆算力」を活かす
株式投資に「逆算力」を活かす
不動産投資に「逆算力」を活かす
保険に「逆算力」を活かす
資産形成としての外貨預金

第1章

「逆算力」を身につける

投資で成功することは、それほど簡単なことではありません。
ですが、自らの頭で考え、調査し、よく理解しているものに
投資することが成功への近道だと思います

ジム・ロジャーズ

「逆算力」って何？

「○○力」という言葉が現代社会を飛び交っています。

キャッチーで耳に残りやすい反面、大事な細部が忘れられやすい言葉です。

だから私は、本当はこうした言葉を使うことには少々抵抗があります。

それでも、ここでは「逆算力」という言葉を、あえてみなさんに届けたいと思います。

なぜなら、資産寿命を延ばすために、そして、確かなマネープランを構築するために、この「逆算力」が何より必要となってくるからです。


何から逆算していくのか？

資産寿命という観点で見れば、老後の生き方、過ごし方からです。

自分が何を大切にして、老後という時間を過ごすのか。

自分が思い描く老後の生活が、できるだけ理想的なものとなるように準備を重ねる。

つまり、健康面も金銭面も不安がないように、事前に準備を進める。

そのためには、確かな老後の設計図となるライフプランを作ることが必要です。

海図を持たずに大海原に船を出したら難破してしまうように、なんの準備もなく老後生活に入っていくことは大変危険です。


自分の思い描く老後の生き方がある、こんな生活をしたい、これがやりたい、だからこれだけのお金が必要になる。

必要なお金がどのくらいなのかがわかれば、その必要なお金をどのように作っていくべきかがわかります。

「逆算力」を身につけることは、
家計簿をつけるのと同じ。
何にどれだけお金を使うかを分類すること。

早期に資産形成をスタートする、できるだけ長く働ける生き方を選択する、新たなスキル開発に挑戦する……。

老後のライフプランができれば、老後資金のニーズが明らかになります。

目的から逆算しながら、今必要なことを割り出していくことが、ここでいう「逆算力」です。

しかし、誰でも簡単に「逆算力」を使って、老後を見据えた生き方ができるかと言えば、そうとも限りません。

今を楽しく生きればいい。美味しいものを食べて、海外旅行やファッションも楽しみたい。

とりあえず、今は何も不自由していないから、時期が来たらその時に考えても遅くない。

そんなふうに、多くの方は、老後なんてまだ先のこと、自分のこととしてまだ考えられない（もしくは現実逃避をしているだけ？）という状態にあるのかもしれません。

だからこそ、「はじめに」でもお話ししましたが、老後に２０００万円不足するという言葉だけが独り歩きするような事態になってしまうのだと思います。「備えあれば患《うれ》いなし」ではないですが、老後の資金はすぐには貯まりませんので、できる限り計画的に準備しておくことをお勧めします。

また、**「逆算力」は、資産形成に必要な情報を読み解くうえでも重要となるもの**です。

例えば、資産運用をするのに必要な経済情報がその一つです。経済情報は、その多くをニュースや新聞、あるいは、政府や民間の統計資料などで確認することになります。

しかし、これらの情報は、なんのために報道されているのか、なぜそれが重要なのか、この問題は何と結びついているのか、などを教えてはくれません。

何気なくテレビを見て、新聞をただ読んでいるだけでは、発表されている数値や情報の重要性がわからないのです。

もし、自分の資産形成のためにある企業の株を持っている、もしくは買おうとしていたら、どうでしょう？

報道された情報により、その企業の株価が上下することを考えて、今以上に発表される経済ニュースに注意を払うのではないでしょうか。

株を所有するという目的から逆算して情報に接するからこそ、**自分にとって何が重要で、何が重要でないのかということがわかる**のです。

そして、誤った情報が流されたときにも、冷静に対処することができるようになるのです。

「逆算力」は、人生の中のさまざまな局面で役に立ちますので、ぜひ、この力を身につけることをお勧めします。

投資は損をすると思っていませんか？

「はじめに」のところで少し書きましたが、金融庁が2016年に発表した「平成27事務年度　金融レポート」で、「貯蓄から資産形成へ」という項目があり、その中で、「長期・積立・分散投資」を通じた資産形成の必要性がクローズアップされています。

日本では、「投資」というと、危ない、損をする、だまされるといったネガティブなイメージが、まだ多くの人の中にあります。

たしかに、1980年代後半のバブル経済の頃や2000年前後のITバブルを経た2000年代は、金融機関も顧客中心の営業ではありませんでした。

そのため、強引な営業や買い材料の薄い株式や投資信託の短期売買を顧客に強いて、株で損をしたという人が増えてしまったことも事実です。

投資の本来の意味は、「利益を得る目的で、事業に資金を投下すること」（『広辞苑』第六版）です。

また、投資と投機の意味の違いが判然としていない人もいます。

投機とは、あくまでも価格の動きだけを追いかけて、利益を得る売買行為のことです。

このように言うと、「投資だって値上がり益を求める」のではないか、という話も出てきます。

しかし、株式を例にすると、投資は事業、あるいは企業に着目して資金を投下する行為です。そこが、株価の値動きのみを見て売買する投機とは、明らかに違います。

投資は、事業や証券に資金を投下すること。
投機は、価格の動きだけを追いかけること。
この違いだけは、覚えておいてください。

本来、投資と投機は、このように明確に異なるはずなのですが、リスクを負って値上がり益を取るということばかりがフォーカスされるため、「投資も投機も同じ」という認識が多くの人にあるのが現状です。

これでは、いくら「貯蓄から投資へ」というスローガンで政府が旗を振ったとしても、資金が貯蓄から投資に向かわないのは当たり前のことです。

投機家の関心事は、
株価の変動を予測して利益を得ること。
投資家の関心事は、
適切な証券を適切な価格で取得し保有すること。

ベンジャミン・グレアム

ここでちょっと考えてみてください。

もし、「投資」という言葉を「資産形成」という言葉に置き換えてみたらどうでしょう？　「自分のお金をリスクにさらして一攫千金を狙う行為」から「コツコツ資産を増やしていく行為」というイメージに変わりませんか？

株式投資での資産形成の基本は長期保有です。

著名な投資家で、投資の神様と呼ばれているウォーレン・バフェットも、

「喜んで10年間株を持ち続ける気持ちがないのなら、
たった10分間でも株を持とうなどと考えるべきですらありません」
（『巨富を生み出す７つの法則』朝日新聞出版）

と、述べています。

このコツコツ資産を増やすためのツールとして、最近注目を集めているのが、NISA《ニーサ》とiDeCo《イデコ》（個人型確定拠出年金）です。

この本では、NISAの活用法について後述します（第3章）。

それでもまだ、銀行にお金を預けようとしていますか？

今、仮にみずほ銀行に1000万円を1年間定期預金に預けると、1年後にどのくらいの利子がつくか知っていますか？

1000円（年利0.01％　出典：みずほ銀行、2019年10月15日現在）です。

税金を除くと手取りは797円です。

銀行預金の利率と株式の配当利回りを、お金を銀行に預ける前に比較してみてください。

では、株に投資した場合はどうでしょうか？

配当利回りのいい投資先を考え、銘柄を選択したり、手数料の低い証券会社を探したりする必要はありますが、株式投資は売却益（キャピタルゲイン）と配当金（インカムゲイン）の両方を得られる仕組みとなっています。

もちろん、短期的、中期的に株価が下がれば損が出ます。

個別銘柄への投資は、その時々の国内外の経済環境や金利、企業業績によって株価が上下するため、必ずしも利益を得られるとは限りません。

さまざまな株価材料から判断する必要がありますので、私自身は初心者がイメージだけで個別銘柄に投資することはお勧めできません。

できるだけ、専門家のアドバイスをもらうようにしてください。

そして、覚えておいてほしいのは、資産形成で株式投資をするときは、長期保有が基本だということです。

目先の株価の上下に一喜一憂しないで、長く株を保持することで確かな資産形成をしていくというスタンスが必要です。

また、ここで一番お伝えしたいのは、実際に投資家になりなさい、ということではなく、「投資家思考」で自分を取り巻く環境を見渡し資産形成をしていきましょう、ということです。

40歳から資産形成を始めても大丈夫？

資産形成は、年齢が早い時期から始めるのがいいというのは、誰にでもわかっていることです。

しかし、若いうちは、月給が少ない、好きなことにお金を使いたい、老後の心配なんてまだ先のことだからなどの理由から、5000円でも1万円でも資産形成のための積み立てを始める人は少ないと思います。

定年後やこれから先の人生を考える余裕が出てくる40歳前後になって、初めて真剣に資産形成のことを考え出す人が多いのではないでしょうか。

「逆算力」の考え方からすると、資産形成を40歳から始めても、決して遅くはありません。

これから先、自分にとって何が必要か、そのためにどのくらいの投資ができるかということになるからです。

ただし、40歳以降から投資するときに注意していただきたいことがあります。毎月積立投資する金額は、最低でも3万円、できれば5万円で始めていただきたいのです。

当たり前ですが、手元に大きな資金がない場合は積み立てしながらの運用になります。

その場合に毎月の積立投資が１０００円、２０００円では、将来的に十分なお金が残りません。

また、いつまで積み立てるのか、目標とする年齢（時期）を決めることも大切です。

年金受給が始まる65歳までとするなら40歳から始めて25年、少し長く働こうと思っている場合は70歳までとすると30年という期間が必要になります。

仮に、40歳から毎月3万円ずつ積み立てた場合、25年間で元本部分の蓄積は900万円です。

もし、年平均5％の運用利回りで25年間積み立てた場合の元利合計額は、約1787万円です。45歳からでも約1233万円になります。

運用利回りを低く見積もって、年平均3％とした場合でも、40歳から25年間、毎月3万円ずつ積み立てた場合、元利合計額は約1338万円になります。

この金額だと不十分だと感じるかもしれませんが、もし定年時に退職金が1000万円出れば、運用利回りを年平均5％で25年運用した場合の金額1787万円と合わせて約2787万円となります。

運用利回りを年平均3％と低く見積もった場合でも、退職金1000万円と合わせて約2338万円となります※。

この金額のほかに、公的年金に加入していれば所定の金額が定期的に入ってくることになります。

※「金融庁の資産運用シミュレーション」より

つまり、「老後2000万円問題」もクリアする水準になるのです。

40歳から65歳までの25年間、毎月３万円積み立てた場合、運用利回りが年平均３％だと、約１３３８万円。運用利回りが年平均５％だと、約１７８７万円。

突然、年金のほかに「2000万円」足りないという話が出てきて、不安に思われた方も、また、老後資金は早くから準備しておかないと貯まらないと考えられていた方も、逆算力を活かして資産形成を図れば、具体的な老後資金の金額も見えてきて、不安も軽減する、ということが少しでもわかっていただけたかと思います。

資産形成は、取り組み方次第で、いつからでも始められます。そして、お金に上手に働いてもらうことも「資産寿命」を延ばすことにつながります。

次の章では、「資産寿命」について、わかりやすくお話しします。

第2章

将来の安心を手に入れる「資産寿命」という発想

時機を逸することへの対策は、長期にわたって株を持ち続け、景気が悪化して株価が下がっているときには決して売らないことである。

このルールに従っていれば、さまざまな分野に手を広げながらもコストを最小限に抑えたい『知識のない』投資家でも、満足のいく結果をほぼ確実に出すことができる

ウォーレン・バフェット

「資産寿命」って何？

「資産寿命」という言葉を聞いて、どんなイメージが浮かびますか？
「高齢社会における資産形成・管理」報告書によれば、「資産寿命」とは、老後の生活を営んでいくにあたって、これまで形成してきた資産が尽きるまでの期間のことです。

「人生１００年時代」で、私たちの老後は、これまでより20年近く延びることになります。

誰もが90歳近くまで元気に過ごすという時代が来るということです。
だからこそ、私たちの寿命が延びた分だけ、私たちの預金、株式、投資信託などの資産についても、同じだけ働いてもらい、資産が尽きるまでの期間＝「資産寿命」を延ばす必要が出てくるのです。

そして、ここで大切なのは、20年近く延びた生活のためにかかるリビングコストを「見える化」して、どれくらいお金が必要になるのかを認識することです。

高齢になればなるほど簡単に働くことはできませんし、働いたとしても望むだけのお金をもらうことは難しい。それならば、資産に働いてもらおうという発想です。


日本人の多くは、お金に働いてもらうという発想があまりないように思われます。

仮に、1000万円分の株を購入したら、配当金は株を持っている限り決算期ごとに入ってきます。

それに対して、1000万円の定期預金からは、現在（2019年10月）の利率では年間で数百円しか入ってきません。


資産寿命は、老後の生活を営んでいくにあたって、資産が尽きるまでの期間のこと。

もし、定期預金を取り崩して生活費に回してとなると、次に預ける定期預金の元本も減ります。そうすると、受け取る利息も減ります。

お手持ちの資産にできる限り長く働いてもらうことで、老後資金についての不安も少しは解消することになります。

「人生100年時代」の資産形成の考え方

これまでには聞かなかった、「資産寿命」という言葉ですが、裏を返せば、資産にも寿命があるということです。

自分は元気なのに、今ある資産が、あと10年しか運用できない、あと10年で貯金が底をつく、公的年金だけでは生活できない、となったら大変です。

健康寿命と同じように、「人生100年時代」に即した「資産寿命」をしっかりと、健康的に延ばしていくことが大切です。

なぜなら、長く生きれば生きるほど、生きるためのコストはかかります。

そして、誰もがいつまで生きるかはわかりません。

どれだけのお金が必要なのかも、人それぞれ違います。

また、健康で長生きするのが理想的ですが、実際はいつ病気になるかわかりません。

「人生100年時代」というのは、さまざまな「長生きリスク」を考えながら生きる時代ということです。

「長生きリスク」を少しでも回避するためにも、「資産寿命」を健康的に延ばすことは大切です。

では、「資産寿命」を健康的に延ばすには、どんな点に注意したらいいのでしょうか？

そのことを次に説明していきたいと思います。

「老後2000万円問題」で話題となった金融庁金融審議会市場ワーキング・グ

ループの報告書「高齢社会における資産形成・管理」を見ると、「【付属文書1】高齢社会における資産の形成・管理での心構え」で、現役期を「長寿化に対応し、長期・積立・分散投資など、少額からでも資産形成の行動を起こす時期」と仮定したうえで、「資産寿命」を延ばすためのポイントが4つ書かれています。

・早い時期からの資産形成の有効性を認識する
・少額からであっても安定的に資産形成を行う
・自らにふさわしいライフプラン・マネープランを検討する
・長期的に取引できる金融サービス提供者を選ぶ

これらの項目を読んで、何か気づくことはありませんか？

そう、これらの項目が述べている「資産形成」とは、貯蓄以外の投資を前提としているのです。

誰もが気がついていますが、日銀によるマイナス金利政策が続く限り、もはや貯金だけでは十分な老後資金を確保できない時代になりました。

そういう時代になったという事実を踏まえて、この先のことを考えなければなりません。

「資産寿命」を十分に延ばすためには、できるだけ早く投資による資産形成の有効性を認識し、少額でもいいから資産運用をスタートさせることです。

そして、そのための適切な金融機関を自分で選別することが必要となってきます。

もし、今、この本を読んでいらっしゃる方が、40代であっても50代であっても、遅くはありません。前章でも話しましたが、気づいたときが老後のための資産形成をスタートするときです。

ぜひ、ご自身の老後のライフプランを「見える化」して、資産運用を始めてください。

100歳までとは言いません。例えば90歳近くまで生きるとしても、定年と公的年金のスタートの年齢を65歳として、仕事をリタイヤしてから平均寿命をまっとうするまでの期間は25年あります。

この25年という時間に何もしないという手はありません。25年という時間も、重要な資産形成に充てるべき時間です。


資産形成は、「見える化」したライフプランをもとに計画的に。


早期に資産形成が始められなかった方も、定年前後の時期から始める資産形成計画を作り、老後期における中長期的な資産運用プランを立て、その計画を実行し、継続することが大切となります。

家を建てるためには設計図が必要なように、資産形成も自分のライフプランに合った設計図を作る必要があります。

計画的な資産運用をして、お金に長く働いてもらうようにしましょう。

「老後資金」の寿命を延ばすためにできること

老後資金の寿命を延ばすためにできることとはなんでしょう。多くの考え方があり、何が正解かを決めることはできません。基本的には次の4つの点が重要だと私自身は考えています。

1 現役寿命を延ばす
2 起業する
3 生活費の節約
4 資産形成を始める

この4つについてこれから順に見ていきますが、**1**と**2**は働くことで、**3**は今ある資産を有効に使うためにムダを省くことで、**4**は将来に備えてお金に働いてもらうことで、老後資金の寿命を延ばそうとするものです。

1 現役寿命を延ばす

文字通り、現役で働く時間を延ばすことです。

法改正もあり現在、65歳定年制を採用する企業も増えてきてはいますが、多くの企業では定年年齢を60歳とし、本人の希望によって65歳まで勤務できる「継続雇用制度」を採っています。

本音を言えば、60歳で定年になったら働くのをやめて、年金生活に入りたいと思われている方もいらっしゃることかと思いますが、年金の受給が65歳からということもあり、しょうがないから働いているという声も聞こえます。

また、政府は少子高齢化の影響で年金開始年齢を70歳にすることも議論しています。

平均寿命が男女とも80代になり、「人生１００年時代」と言われるようになった現在では、一部の人を除き、現役で働く時間を延ばし、年金以外の収入を確保することが老後の安心を得るために大切なことになってきました。

実際、今の70代の方々は、昔に比べて気力体力が充実した方も多く、少子高齢化の日本においては、元気な高齢者に活躍してもらうことが社会制度を維持するためにも必要であると言われ始めています。

時代の変化と共に、定年退職後も自分らしく働く時間を、できるだけ延ばしていくこと。

同様に、できるだけお金にも働いてもらう。そのための適切な資産形成の方法について学ぶ。そうした心構えをすることが大切な時期に来ています。

2 起業する

経験や専門性を活かして組織で働くことの延長線上に、起業をするという選択肢があります。

サラリーマンの全就業者に占める割合が90%に近い日本では、起業というとなんだかすごいことをするような響きがあるかもしれませんし、会社にいれば毎月給料が入ってくる安定した立場を捨てて、なんでわざわざ苦労する道を選ぶのかと思う方もいるかもしれません。

しかし、その一方で、固定化して柔軟性のない旧態依然とした会社組織に愛想をつかして、より自分の能力を活かすために転職する人や、フリーランスとして活躍する人も増えてきています。

起業といっても、テレビに出てくるようなＩＴ系の新技術をもとにした大規模な起業から、趣味や経験をもとにした身近な起業に至るまでさまざまあります。インターネットやスマホを使って、無理のない起業をする方も多くなっています。

自分にできることがないのか、今までの経験や専門性を振り返ってしっかりと見つめ直してみるのもいいかもしれません。

人々の価値観や趣味・嗜好が多様化している昨今、世の中のニーズと自分のスキルがマッチすれば、成功する可能性も高まります。

そして、何より一番のメリットは、定年がないことです。健康寿命の分だけ、しっかりと働き続けることができ、同時に資産寿命も長くなります。

❸ 生活費の節約

私は基本的に、「節約」だけに重きを置く時代は、ほとんどがデフレ期であった平成で終わったと考えています。

まったく節約しないで自分の好きなようにどんどんお金を使うのは、明らかに誤りです。

しかし、だからといってなんでもかんでも節約だ、と思いつめて息がつまるような節制をするのは本質を見失っている行動です。

大切なのは、老後のライフプランをイメージし、それに見合った資金をしっかりと想定すること、そのうえでムダをなくすこと。

ムダを削ぎ落とすからこそ、本当に大切なことにお金を使えるし、あるいは投資に回す分を増やして、将来のための資産形成に役立てる、ということができるのです。

お金を使うのが悪という発想ではなく、必要なことには使う。そのためにもお金に働いてもらう。こうした考え方を持つことが大切です。

４　資産形成を始める

「若いうちからちゃんと貯金しなさい」、昔は親からよくそう言われたものです。しかし、「若いうちからちゃんと資産形成しなさい」と言われたり、聞いたりしたことはあまりありません。


「投資は損するもの」

「銀行は潰れないから、銀行にお金を預けていれば大丈夫」


誰もがそう思う時代が日本では長すぎました。

前章でも見てきましたが、今の時代、銀行に定期預金をした場合とコツコツと積み立てて、長期投資をする場合と、どちらがいいでしょうか？

答えはもうおわかりだと思います。老後のために少しでも資産を増やしたいとなると、定期預金以外に目を向ける必要があります。

今の自分の年齢、将来のライフプランは人それぞれ違いますが、資産形成を始めるのに遅いということはありません。

始める時期の年齢や状況によって、さまざまな資産形成の方法があります。どんな方法がいいかは、専門家と相談して、ぜひともあなたのライフプランに合った資産形成をスタートしてみてください。

資金寿命を延ばすために大切なこと

1 現役寿命を延ばす
2 起業する
3 生活費の節約
4 資産形成を始める

「長生きリスク」という問題

寿命が延びれば、当たり前ですが生活していくために必要なお金は多くなります。

ですが、「人生100年」でも十分に生きていけるだけのお金をお持ちの方は、なかなかいらっしゃらないと思います。

「年金生活で苦しい、これで病気になって入院でもしたら、どうしたらいいんだろう」

という声もよく聞きます。

ある意味、長く生きることはそれ自体がリスクなのかもしれません。

年は誰でもとりたくないもの。でも老化は誰にでもやってきます。

できる限り健康寿命を延ばして、元気で生きていくために食事に注意したり、運動したりしていたとしても、いつ病気になるかわかりません。

これまでも何度も話題にしている金融審議会市場ワーキング・グループ報告書「高齢社会における資産形成・管理」の19ページには、「年代別の老後不安」という表があります。

・20〜50代の老後の不安第1位は、お金。
・60〜70代の老後の不安第1位は、健康

という結果でした。

もし、今、あなたが40代なら、やはり老後で一番心配なのはお金のことだと思います。

だからこそ、今から「お金」のことにも注意を向けて、老後の準備に入ることが大切です。

老後のお金の心配は年を重ねるごとに、より重要な心配事になっていきますが、お金とともに健康に関する心配事も増えていきます。

現在、日本人の三大死因は、「がん（悪性新生物）」「心疾患」「老衰」ですが、つい最近までは「がん（悪性新生物）」「心疾患」「脳血管疾患」が三大死因とされてきたこともあり、これらの疾病を認識されている方は多いと思います。

しかし、これらの疾病以外に、最近、幅広い世代で問題となっているのが認知症です。

若年性認知症もありますが、ここでは高齢者が認知症となったときのお金にまつわるリスクの話をしたいと思います。

認知症は病名ではなく、認識する力や記憶力、判断する力に障害が起きている状態を示す総称です。

失ってはじめてわかる健康とお金のありがたさ。
元気なうちに、いろいろと手を打ちましょう。

認知症は高齢者特有のものではありませんが、高齢者、またその家族にとって一番の問題といっても過言ではありません。

厚生労働省の分析によれば、２０２５年には高齢者の５人に１人が認知症になると予測されています。

もはや他人事ではありません。

認知症になると、状態にもよりますが、お金の管理ができなくなります。

当たり前のように聞こえますが、これは実は非常に重要なポイントです。

もし、自分が認知症になって、周りに誰も世話をしてくれる人がいない場合、きちんとお金を管理できなくなれば、生活が立ち行かなくなります。

これは誰もが無縁の話でなく、10年以内に、高齢者の5人に1人が認知症になると予測されている現状、自分はならないと考えるよりは、自分も「なる」可能性があると自覚し、そのための対応策を今から考えておくことが、健全な考え方だと思います。

もし、この先、仮にみなさんが認知症になったとして、ケアしてくれる人が誰もいなければ、どんな問題が起きるでしょうか？

口座名義人が認知症の疑いがあると判断した場合、銀行は口座を凍結します。

これは本来、認知症を発症した口座名義人が詐欺や横領などの犯罪、口座の不正使用に巻き込まれ、財産を失うのを防ぐという目的によるものです。

現役時代に一生懸命働いて蓄えてきた、老後を生きるために必要な資産が使えなくなってしまうのです。

一度凍結されてしまうと、仮にケアしてくれる家族がいて、認知症になった口座名義人との親族関係が戸籍謄本などにより明白な場合でも、引き出し、解約は一切認められません。

もし、口座凍結を解除したい場合は、家庭裁判所に出向き成年後見制度の申請をしないといけないのです。

つまり、認知症を発症したら、あなたは金融機関に預けている自分のお金が一切使えなくなるのです。

今、日本の家計金融資産の合計額は2019年6月末時点で1860兆円に上るとも言われ、そのうち現金・預金は991兆円となっています（日銀資金循環統計）。

そして、2030年の時点で高齢者の認知症患者が保有する金融資産は、200兆円を超えるとの報告もあります。

認知症とは直接関係ありませんが、世帯主が65歳以上の高齢者世帯の金融資産を47都道府県別に推計すると、全国平均は2003万円という調査結果もあります。

多くの高齢者世帯の金融資産は預貯金が多く、日銀がマイナス金利政策を打ち出している今でさえ、そのお金は投資に回ることもなく、定期預金あるいはタンス預金のまま塩漬け状態となっています。

お金が社会に出回らないことは、社会にとっても、資本市場にとっても大きな損失です。

認知症にならないに越したことはありません。

しかし、判断能力がまだあるうちに、年老いた自分の姿と将来のお金の使い方を今から想定し、万が一に備えておく必要もあります。

現代社会において、みなさんのお金が口座や家庭に眠ることは、老後の年金不足問題をより大きくし、それこそ、自分ごとの問題を大きくすることにほかならないのです。

第3章

将来の安心を手に入れるマネープラン

大事なのは、自分が詳しくない分野に
決して投資しないことだ。
そんなことをすれば、将来的に損をすることが
ほぼ保証されてしまう

ジム・ロジャーズ

多様化するライフスタイル

豊かな老後を目指す方法や手段はいろいろあります。

例えば、若い読者の方には、お父さんお母さん世代の話となりますが、昭和の時代は、男性は大学を卒業したら、一つの企業に定年まで勤めることが普通でした。転職する人はまれで、転職は一つの会社にきちんと勤められないと、人生のレールから外れてしまったという評価が下されてしまうものでした。

銀行をはじめ大企業は絶対に倒産しない存在で、未来は明るく今日より明日の生活はもっとよくなるという幻想がありました。

女性は、高校や短大を卒業したら家事手伝いをしながら結婚相手を探すか、お婿さん探しのために会社に入り、結婚して専業主婦になるような生き方も多くありました。

大学まで進み、卒業後キャリアウーマン（古い言葉ですが）になるなんて考え方は一般的ではなかったのです。

会社も女性を戦力としては見ておらず、総合職で女性を採用する企業はほとんどありませんでした。

家庭でも会社でも、男性中心の時代でした。

今を生きる20代、30代のみなさんには、信じられないかもしれませんね。

バブル景気に沸いた昭和が終わり、平成になると同時にバブルがはじけて「失われた20年」を迎えることになります。

経済面では国内の経済活動が停滞し、株価も低迷する低成長時代に入りました。

そして、グローバル化が進み、戦後に作られたさまざまな制度・慣習にほころびが見え始めました。

1997年から、護送船団方式で絶対に潰れないと言われてきた金融機関が相次いで破綻（日本長期信用銀行、北海道拓殖銀行、山一證券など）しました。

それまでの価値観が崩壊していく瞬間でした。

その後、2000年代に入り、インターネットをはじめとするIT革命やスマートフォンの登場は、多くの人の価値観に変化をもたらします。

家庭でも会社でも、男女の役割に変化が生じ、個人の生き方を尊重する風潮が少しずつ強まってきました。

そして今、ダイバーシティ（多様化）を受け入れ始めた社会に、私たちは生きています。

このような社会で生きるために大切なことは、自分自身のライフプランをしっかりと描き、イメージした将来に備え、不安をなくすための資産形成をしていくということです。

ライフプランを「見える化」する

老後資金の不安をなくす。

そのために重要な考え方が「逆算力」でした。

この「逆算力」を発揮するためには、自分はどのような老後を過ごしたいのかという、確かなゴール地点が必要となります。

そして、そのために、どのようなライフプランが必要となるのかを考えることが、はじめの一歩となります。

自分だけのライフプランをしっかりとイメージし明確化すること、つまり「見える化」することが大切になってくるのです。

- **20代の自分がしてきたこと（していること）**
- **30代の自分がしてきたこと（していること）**
- **40代の自分がしていること（してきたこと）**
- **50代の自分がしていること（してきたこと）**
- **これからの自分がしていきたいこと**

まずは、年代別のライフステージで自分が何をしてきたかを紙などに書き出し、自分の人生の流れを振り返ってみましょう。

そして、これからやりたいこと、夢などを紙などに記してみてください。

自分の人生を振り返り、これからの人生に思いをはせることで、今後のライフプランの目的が明確に見えてきます。

このライフプランの「見える化」は、物語を書く作業ではありません。

大切なのは、「何のために」をしっかりと考えることです。「豊かな老後を過ごす」というゴールへの道は、決して一つではないのです。

時には、今までのやり方を変えなければならないときもあります。

古いやり方、固定観念が強すぎて、身動きがとれなくなるという状況に陥らないように、いつでも柔軟な考えを持って前に進んでいくことが大切です。

これまで何をしてきたか、
これから何をしたいのか、
紙に書き出して、明確にしておくことが大事。

自分に呪いをかけない

大ヒットしたテレビドラマ『逃げるは恥だが役に立つ』の中で、独身のアラフィフ・キャリアウーマンである百合ちゃん役の石田ゆり子さんが最終回で口にしたセリフ、「自分に呪いをかけないで」が象徴しているように、人は（特に女性は）自身に「呪い」をかけがちです。

ライフプランを「見える化」するためには、これらの「呪い」を積極的に解いていく必要があります。


20代までの自分がしなければならなかったこと。

30代・40代の自分がしなければならないと思っていること。

そして、これからの自分がしなければならないこと。

こうした発想は自分の意識に「ねばならない」という強迫観念を植えつけ、「呪い」のように、自分自身の意識や行動を縛りつけることになります。

恋愛も結婚も、したいからするのであって、誰かに言われてしたり、義務でし

「自分はこうなんだ」という呪縛を解けば、
本当に求める未来が見えてきます。

たりするものではないですよね。

子育ても仕事も、雑誌やメディアが言う通りにやらないといけない、できない自分が悪い、と自分を追い込むものではないはずです。

「呪い」の思考をやめて、自分の本当に求める未来に向かっていく。

そこに、みなさんが本当に望む生き方があります。

自分の人生も、自分のお金も、自分らしく作り出していくことが必要ですし、必ず作り出せるものです。

資産形成は「長期・積立・分散投資」が基本

自分のライフプランが明確になったら、次は、そのライフプランを達成するために必要なお金を作ることです。

この本は「老後２０００万円問題」の本質を読者のみなさんにお伝えすることと、「資産寿命」を延ばし老後資金をどのように作っていくのか、その考え方をお伝えすることがメインテーマです。

では、お持ちの大切なお金を増やすためには、どのような考えで投資と向き合えばいいのか、お話ししたいと思います。

すでに、資産形成に対する心構えについてはお話しさせていただきましたが、投資の基本は、「長期・積立・分散投資」です。

投資は、「お金を増やすことができる」という魅力的な可能性がある反面、お金が減ってしまうリスクもあります。

しかし、やり方によってはお金が減ってしまうリスクを、コントロールすることができるのです。

それが「長期・積立・分散投資」という考え方です。投資と上手に付き合っていくためにも、この考え方をしっかりと身につけてください。

具体的に、「長期・積立・分散投資」とは次のようなことです。

・長期……………購入後、10年、20年などの長い間持ち続けること
・積立……………月々1万円など、コツコツと継続的に投資すること
・分散投資……日本の株・不動産・債券だけでなく、海外市場の先進国や新興国などの株・不動産・債券など、世界のさまざまな国や資産に投資すること

「長期・積立」投資については、銀行に積立定期預金をしている方ならイメージしやすいと思います。

積立定期預金は、毎月1万円積み立てていけば1年後には12万円と利息を手にすることができるという商品です。

「分散投資」は、値動きの異なる資産を組み合わせた投資です。投資対象は日本だけではありません。世界中の資産が投資対象となります。

投資の格言に、

『タマゴは一つのカゴに盛るな』

というものがあります。

持っている卵を同じカゴに盛ると、そのカゴを落としたとき、全部割れてしまう可能性があります。

しかし、いくつかのカゴに分けて卵を盛れば、一つのカゴを落としたとしても、ほかのカゴの卵は割れずにすむという教訓です。

もう一度、言います。
資産形成の基本は「長期・積立・分散投資」です。

日本の中だけでも、株・不動産・債券に投資すれば「分散」投資になるのでは？と思われる方もいらっしゃると思います。

しかし、投資対象がすべて日本国内にあると、日本の景気やマーケット動向にすべてが左右されてしまいます。

例えば、日本の景気が悪くて株価や不動産価格が下がっても、アメリカやＢＲＩＣｓ（ブリックス＝ブラジル、ロシア、インド、中国）などの景気がよければ、その国の株価や不動産価格は値上がりするため、分散投資していれば総合的に損失を抑えることができます。

つまり、世界中の投資先に資産を分散することにより、投資対象の値下がりリスクをできるだけ回避することができるのです。

「長期・積立・分散投資」を組み合わせることで、損をしてしまう可能性を低くすることができます。

この投資手法は、金融庁も支持する投資手法です。

人生に必要な三大資金

人生に必要な三大資金とは、なんでしょうか？

生活するために必要な（現役時代の）基本生活費以外で、私たちの人生の中で大きなお金が必要なものが3つあります。

その3つとは、教育資金、住宅資金、そして老後資金です。

老後資金については、これまでに説明してきましたので、ここでは、「教育資金」と「住宅資金」について、考えていきたいと思います。

教育資金は、お子さんのいる家庭には必要な資金となります。

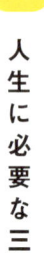

大学入試制度をはじめ、教育改革の動きはまだまだ道半ば、といった感もありますが、義務教育終了後、高校、大学へ進学するとなると多くの費用が必要となります。

文部科学省「平成28年度子供の学習費調査」によれば、子どもを幼稚園から大学まですべて公立の学校に通わせた場合の教育資金は総額で約８０８万円。一方、幼稚園から大学まですべて私立に通わせた場合は約２３１６万円かかるとされています。

ちなみに、幼稚園から高校まで公立に通い、大学だけ私立に通うことになった場合は約１０８７万円。高校も大学も私立に通った場合には、約１２６３万円かかります。

家計のうち、ある一定のお金を長期間、教育資金に回さなければならない事実を考えると、教育資金をどのように家計から捻出するか、どのように作っていくか、悩まされる問題となります。

次に住宅資金の問題です。

２０２０年に控える東京オリンピック・パラリンピック（以下、東京五輪）の効果もあって、首都圏ではここ数年マンションの建設と購入が堅調でした。

住宅金融支援機構「２０１８年度フラット35利用者調査報告」によれば、マイホームを購入する場合、建売住宅の全国平均購入価格は約３４４２万円、マンション購入価格は約４４３７万円となっています。

一方、賃貸住宅の場合は、マンション（３ＤＫ／３ＬＤＫ）の１ヵ月の家賃相場は約10万〜19万円となっています。仮に、家賃を15万円とした場合、現在40歳の人が65歳で年金を受給するまでの25年借り続けたとして支払った家賃、更新料等の合計は約４６８０万円となります。

持家であれ賃貸であれ、住宅資金も家計にとって支出が大きい費目であることに変わりはありません。

「教育資金」と「住宅資金」の不安を解消する

それでは、どのようにして教育資金と住宅資金についての不安を解消していったらいいのでしょうか？

1 教育資金

前述した通り、子どもを幼稚園から大学まですべて公立の学校に通わせた場合の教育資金は総額で約８０８万円。

一方、幼稚園から大学まですべて私立に通わせた場合は約２３１６万円かかるとされています。

子どもによりよい教育を受けさせたいと考えるなら、少なくとも１０００万円以上の教育資金は準備しておきたいところです。

今後、少子化がさらに進み、大学への進学がさらに一般化していくことが予想されます。

そうなった場合、子どもの大学進学を前提とした必要な教育資金を想定し、そこから逆算する形で、貯蓄すべき金額を算出することが大切です。

子どもが生まれたばかり、あるいはまだ幼稚園や保育園に行きだしたばかりのご家庭だと、学資保険（こども保険）に加入したり、財形貯蓄や定期積立預金などでコツコツと教育資金を貯めていくことも可能かと思います。

しかし、教育資金を貯められないまま、子どもが小学生、中学生になってしまった、いわゆる「出遅れ世帯」は思った以上に多いようです。

2人以上の世帯のうち、将来に備えて貯蓄や保険商品などの金融資産をまったく保有していない割合は、世帯主が30代、40代ともに34%に達しているというデータもあります（金融広報中央委員会「家計の金融行動に関する世論調査・平成29年調査結果」）。

そのような「出遅れ世帯」が、子どもを大学進学させたい場合、初年度納付金と4年間の授業料を合わせると、国立で約324万円、私立文系で約513万円、私立理系で約693万円必要となります（文部科学省「平成29年度私立大学に係る初年度学生納付金平均額の調査」）。

そのため、大学進学資金として、400万円を目標額として、資金を準備しておきたいところです。

「出遅れ世帯」は教育資金の準備として、投資で資産を増やすことも検討してみてください。

２０１８年1月から始まった少額からの長期・積立・分散投資を支援するための非課税制度「つみたてＮＩＳＡ」は、年間40万円までなら、20年間の非課税枠が設けられ、非課税で投資信託を運用でき、教育資金作りの強い味方になってくれます。

貯蓄、保険商品、投資などの手を打っても教育資金の足りない部分があれば教育ローンなどで補いましょう。

2　住宅資金

住宅の購入は、人生で一番大きな買い物と言われてますが、教育資金とは異なり、こちらはローンを借り入れた長期返済が基本になります。

住宅に関するお金の問題を支援する、ＮＰＯ法人住宅ローン問題支援ネットの代表理事、髙橋愛子さんによれば、「売却や賃貸を意識した物件選び」と「住宅ローンの組み方、商品選びは慎重に」という2つの点が大切だということです。

① 売却や賃貸を意識した物件選び

購入するときに考えなければならない具体的な条件は、駅が近い、角部屋、商店街やスーパーが近い、都心へのアクセスの良さ、といったものになります。

独身と既婚とではライフスタイルの違いも考慮する必要があります。

購入時に独身であるとしても、将来的にライフステージが変化することも十分に考えられることから、変化に応じて売却しやすい物件、または賃貸に出しやすい物件を選ぶことが大切です。

また、一概には言えませんが、女性は妊娠や出産、育児等で働けなくなる時期もありますので、そのあたりの事情も加味する必要があります。

購入時に一番やってはいけないのは、価格だけを見て購入物件を決めてしまうことです。

② 住宅ローンの組み方、商品選びは慎重に

ここでは、近年人気となっているペアローンという住宅ローンを例に挙げてみ

ます。

住宅ローンにおける収入合算の一つの方法に、ペアローンというものがあります。

同じ物件に対して、複数の人間（通常は夫婦）がそれぞれ住宅ローンの契約をして、お互いに連帯保証人になる借入方法で、購入した物件は「共有名義」になります。

高額物件にも手が届くためメリットが大きいように見えますが、しかし、デメリットも多く存在します。

例えば、妊娠や出産、育児などで収入が減ると、一気に返済に行き詰まるリスクが高まります。

また、万が一、離婚してしまったら、高額なローンの残債がそのまま負の遺産となります。

近年、「女性の活躍推進」に伴い、女性向けのローン商品が世の中に数多く出てきています。

一般の住宅ローンよりも審査が通りやすく、金利面で優遇されている住宅ローンも登場しています。

住宅ローンにはさまざまな種類があります。

ローン設定時には、未来を楽観して、問題が起こるはずもないと思っていたとしても、住宅ローンの返済は長期間にわたります。

現在のライフステージや将来展望をベースに、ファイナンシャル・プランナーなどの専門家に相談し、自分に合った資金プランを描くことが重要です。

そして、何より大切なのは、ライフプランの変更やライフステージの変化が起きたときに住み替えができるように、ローンでがんじがらめにならないような、確かなプラン作りをすることです。

資金別、マネープランの立て方

必要な資金別に資産形成の方法を考える。

そして、「長期・積立・分散投資」により、お金を働かせて資産寿命をできるだけ延ばす。

「老後2000万円問題」は、この言葉だけが独り歩きして、本当に大切なこと、つまり一人ひとりのライフプランに合った老後資金の必要額とその作り方については置き去りにされています。

老後を見据えて、寿命の長い資産を形成するためには、

・息の長い資産を形成する

・具体的なお金のプラン（マネープラン）を構築する

という考え方が大切になります。

ここから先は、どんな目的を設定すべきなのか、どんなお金が必要なのか、どんなプランが最適なのかという視点で、「生活資金」と「老後の備え」についてのマネープランの立て方について考えてみたいと思います。

1 生活資金について

生きていくためのお金、リビングコストをどう考えるかは非常に大きな問題です。

このあとでお話しする「生きがい」や「老後への備え」など、それらにどれだけのお金を回せるかということは、生活資金と切り離して考えることができません。

今必要なお金を算出し、残りをほかの目的に回すのか、あるいは、将来に備えて残しておかなければならないお金を差し引いた金額で、やりくりしていくのか、どちらを選ぶかで、手元に残るお金は違ってきます。

前者が現実的だとは思いますが、最悪の場合、結局すべてが生活資金に消えてしまうことも考えられます。

だからといって、定かではない将来のために、ただ漠然と今の生活を犠牲にするのも、いい考えだとは思いません。

将来を見据えた、確かなライフプランを描き、そのうえで、確かなマネープランを実行するというイメージを持って、生活資金の使い道を考えてみてください。

2 生きがい

「人はパンのみにて生きるにあらず」ではありませんが、豊かな人生には、日々の糧以外の何かが必要です。

そのためのお金をどのように準備するのか。

今必要な生活資金の残りを充当すればいいじゃないか、そんな気持ちになるのもわからなくはありません。

しかし、旅行のための貯金のように、目的が明確であればあるほどマネープランも実効性が高まります。

何を生きがいとし、何にゆとりを求めるのか。

まずは、自分の人生をしっかりと考えてください。

老後が心配だから老後資金を貯めるという、そんな不透明な理由のためにしたいことを我慢するなんて、人生を味気ないものにしてしまいます。

3 老後の備え

老後の備えについては、これまでも資産形成や資産寿命を延ばすなど、いろいろとお話しさせていただきました。

ここでは老後の備えについての心構えをお話しします。

老後の備えでも、やはり大切なのはライフプランを作ることです。

どのような老後を送りたいのか、老後に何をしたいのか、それをしっかりと考えることが必要なのです。

そして、次に自分が望む老後を送るためには、どれくらいのお金が必要なのかという資産形成＝マネープランについて考えます。

ライフプランがあってこそのマネープラン。

そもそも資産は何のために必要なのか。豊かで実り多き人生を送るためにあるのではないでしょうか。

つみたてＮＩＳＡを活用する

生きていくにはお金が必要です。

一人ひとり、生きていく環境は違いますが、少しでも充実した人生を送りたいと思ったら、年をとってもお金があるに越したことはありません。

この章では、老後や将来の安心を手に入れるためのマネープランについて考えてきました。

資産形成は、誰にとっても重要かつ難しい問題ですが、２０１８年１月から始まった少額からの長期・積立・分散投資を支援するための非課税制度「つみたてＮＩＳＡ」は、資産形成の強い味方になってくれます。

「つみたてＮＩＳＡ」は、投資信託の積み立てを前提として、年間40万円まで、

20年間の非課税枠が設けられた制度です。

非課税で投資信託を運用できますので、各種の資金を作るのに役立ってくれます。

では、なぜ「つみたてＮＩＳＡ」が資産形成するうえで重要なのかということについて、「老後２０００万円問題」と関連して見ていきたいと思います。

「老後２０００万円問題」は、金融庁の金融審議会ワーキング・グループがまとめた報告書の趣旨が誤解され、大きな社会問題と化しました。

この報告書は、自分に見合った豊かなライフプランを立て、それに必要なお金を資産形成（投資）によって作っていきましょう、ということを言いたかったのです。

「貯蓄から投資へ」という流れは、国・金融庁も制度を変えて懸命に取り組んでいます。「貯蓄から投資へ」という流れの象徴が、「つみたてＮＩＳＡ」という制度なのです。

「つみたてＮＩＳＡ」の概要は次の通りです。

・日本国内に住む20歳以上の人なら誰でも利用可能
・非課税となる投資枠は年40万円まで。最長20年間、収益が非課税に
・金融庁に届け出のあった株式投資信託とＥＴＦ（上場投資信託）で定期的に継続して積立投資を行うことが条件

（一般社団法人投資信託協会ＨＰより）

「つみたてＮＩＳＡ」などの税制優遇制度を利用して、これから必要になる資金のための、上手な資産形成をしていく。

また、「つみたてＮＩＳＡ」を始める場合は、金融機関（銀行・証券会社）に「つみたてＮＩＳＡ」口座を開設しないといけません。

現在、投資信託や株は、利益に対して基本約20％の税金が引かれていますが、「つみたてＮＩＳＡ」であれば、その税金を支払わなくてもよいのです。

ただし、注意してほしいことがあります。

それは、次のようなことです。

・「つみたてＮＩＳＡ」か「一般ＮＩＳＡ」かいずれか1つを選択しなければならない

・分配金を再投資した場合、非課税投資枠を使ったとみなされるので注意

・「つみたてＮＩＳＡ」では新たな非課税枠に移す「ロールオーバー」が認められていない

・「つみたてＮＩＳＡ」を利用するには、「つみたてＮＩＳＡ」口座を開設する必要がある

・「つみたてＮＩＳＡ」口座は1人につき1口座しか開設できない

・「つみたてＮＩＳＡ」口座の開設手続きでは税務署の確認が必要

（一般社団法人投資信託協会ＨＰより）

税制優遇を受けているので、さまざまな約束事がありますが、年間40万まで、20年間も非課税になるこの制度を活用しない手はありません。

そして、こうしたメリットから、現役世代に人気があり、利用者の約70％は20～40代と、一般ＮＩＳＡと比較して、働く世代の比率が高いことが特徴です。

専用口座は、２０１８年1月にスタートしてからわずか1年で１００万口座を突破しました（１４７万口座、２０１９年6月末現在）。

もちろん、「つみたてＮＩＳＡ」を活用するかどうかは、みなさんそれぞれの判断です。

大切なのは、「貯蓄から投資へ」「長期・積立・分散投資」という大きな流れを理解することです。

第4章

資産形成に「逆算力」を活かす

大切なことは未来です。
投資対象企業が今後どのような道を歩むのか、
長期的な事業リスクに着目し、
いかなる競争環境に置かれていくか見極めることが重要です

ウォーレン・バフェット

第1章で「逆算力」についてお話ししましたが、この章では、「逆算力」を活かした資産形成について具体的な商品を挙げてお話しします。

投資信託に「逆算力」を活かす

「逆算力」を発揮して資産寿命を延ばしていくこと。

そのためには、つみたてＮＩＳＡという制度を活用することが有効であるということを前章でお話ししました。

そのつみたてＮＩＳＡは、投資信託を前提とした、少額からの「長期・積立・分散投資」を支援するための非課税制度です。

投資信託とは、たくさんの個人投資家から集めたお金を運用のプロが金融市場で運用してくれる商品です。「ファンド」と呼ぶこともあります。

投資信託が個人の資産運用に向いている第一の理由は、1000円程度の少額資金から分散投資ができる点です。

つまり銀行で積立定期をするのと同じ手軽さで、積立投資ができるのです。

第二の理由は、専門家が運用してくれるという点です。

プロの運用専門家が、投資先を考え、リスクを考えながら、みなさんに代わってみなさんの資産を管理・運用してくれるのです。


2019年7月末現在、国内で設定されているファンドの数は6151本もあります。

このうち、つみたてNISAで購入できるファンドが162本あります。

この162本のうち、指定インデックスファンドが144本と、大部分を占めています。残りはアクティブファンドやETF（上場投資信託）です。

つみたてNISAの多くを占めるインデックスファンドとは、日経平均株価やTOPIXなどの指数の動きに合わせた運用を行うファンドのことです。

また、アクティブファンドとは、独自のテーマに基づいて銘柄を選別して投資し、指数以上の運用成果を得るために設定されたファンドです。

なお、指数とは、一般的に株式市場、債券市場など特定の市場で取引されている商品全体の平均的な値動きを指します。

株価指数なら、証券取引所で売買されている各企業の株式（銘柄）の価格（株価）を平均化したものです。

実際、144本もの投資信託から資産形成に最適なものを選ぶには、日頃から株式市場を観察し、新聞の経済欄やマネー雑誌を読み、テレビの経済ニュースなどを見て、経済の動きに敏感でなければ、難しいことでしょう。

ですので、ここでは、キャスターとして株価報道を担当し、ファイナンシャル・プランナーでもある私から、投資信託を選ぶ際、最初に注意してほしいことをアドバイスしたいと思います。

アドバイスは7つありますが、特に重要なのが次の4つです。

1 信託期間が無期限である

2 分配金を再投資に回している。高分配型は避ける（できれば年1回）

3 購入手数料や運用管理費が低い（ゼロが望ましい）
4 銀行口座から自動積み立てができる

この4つのアドバイスは、つみたてＮＩＳＡ対象のファンドのほとんどがあてはまっています。

しかし、実際につみたてＮＩＳＡにあるファンドから何か一つ選ぶ際には、次に挙げる3つのアドバイスも加味してファンドを選んでください。

5 純資産総額が50億円以上あること

ファンドは資金が入り続けるわけではなく、解約によって流出するものです。

また、繰上げ償還というものがあり、これにより信託期間の満了前や無期限であっても、運用会社の判断で、運用をやめてしまうことがあります。

この繰上げ償還のリスクを少なくするためには、50億円以上の資産規模を持つファンドを選ぶのがよいでしょう。

6　日本株だけに特化していないこと

今の時代、数年先の国内外の情勢がどのように変化するのかは誰にもわかりません。

政治・経済をはじめとする国際情勢がどのように変化するのか、その中で日本はどのような影響を受けるのか、そうした点を考え合わせると、日本国内の投資先だけを対象としたファンドでは、リスク分散が不十分です。

7　ターゲットイヤーファンドは避ける

ターゲットイヤーファンドとは、リタイヤに向けた資産形成とリタイヤ後の資産活用を目的としたファンドのことです。

このファンドは、「２０３０」や「２０４０」など、目標年次を示して構成され、ご自身の年齢やリタイヤメントする時期等、あなたが決めた目標時期に合わせてファンドを選択できるようになっています。

ただこのファンドは、年齢が若いうちは、株式の比率を高めに、債券の比率を低めにしてリスクをとり、年齢を重ねるにつれ、株式の比率を低めに、債券の比率を高めにしてリスクを低く抑えるという特徴があります。

人生100年時代を考えると、リタイヤ後の「長生きリスク」を回避するには不十分だと言えます。

株式投資に「逆算力」を活かす

資産形成、投資というと、株式投資を思い浮かべる方が多いと思います。

そして、株式投資については、さまざまなテーマで本や雑誌が出ています。

ここでは、「人生100年時代」という言葉をキーワードに、これからの社会や経済がどう変化していくのかという予測を立てながら、株式投資について考えていきたいと思います。

今、まさに世間で不安視されているのは、２０２０年の東京五輪後の日本経済の動向です。

前回１９６４年の東京五輪後の経済動向を参考に、景気の見通しを分析したり、国際情勢の影響を鑑みた日本経済の行方を探ったりと、さまざまなレポートや専門書が世に出てきています。

しかし、正直なところ、この先の景気がどうなるのかについて断言できる人は誰一人としていないでしょう。先のことなど誰にもわかりません。

ただ、それでも大まかな景気循環や経済の流れから将来起こりうることについて、過去の事例を分析することで予測することは可能です。

ここでは、東京五輪後に成長が見込めそうな産業は何か、東京五輪後に注目を浴びて、成長していく可能性があるのはどの業界か、など株式投資から見た成長産業の探し方や考え方をお話ししたいと思います。

フィリップ・フィッシャーが教えてくれる何を買うべきか——株について調べるべき15のポイント

1 その会社の製品やサービスには十分な市場があり、売り上げの大きな伸びが数年以上にわたって期待できるか

2 その会社の経営陣は現在魅力のある製品ラインの成長性が衰えても、引き続き製品開発や製造過程改善を行って、可能なかぎり売り上げを増やしていく決意を持っているか

3 その会社は規模と比較して効率的な研究開発を行っているか

4 その会社には平均以上の販売体制があるか

5 その会社は高い利益率を得ているか

6 その会社は利益率を維持し、向上させるために何をしているか

7 その会社の労使関係は良好か

8 その会社は幹部との良い関係を築いているか

9 その会社は経営を担う人材を育てているか

10 その会社はコスト分析と会計管理をきちんと行っているか

11 その会社には同業他社よりも優れている可能性を示唆する業界特有の要素があるか

12 その会社は長期的な利益を見据えているか

13 近い将来、その会社が成長するために株式発行による資金調達をした場合、株主の利益が希薄化されないか

14 その会社の経営陣は好調なときは投資家に会社の状況を饒舌に語るのに、問題が起こったり期待が外れたりすると無口になっていないか

15 その会社の経営陣は本当に誠実か

（『株式投資で普通でない利益を得る』パンローリング）

最初に挙げるのは、世界でも長期的な関心事となっている環境の分野です。中でも、環境対応車への取り組みは、先進国を中心に加速しています。

特にEV（電気自動車）については、イギリスやフランスが2040年までにガソリン車とディーゼル車の販売を禁止すると発表しているほか、以前は関心を示さなかった中国までもが、環境対応車としてのEVの重要性を訴え始めています。

EVは化石燃料（ガソリン）を使って内燃機関（エンジン）を作動させて走るのではなく、電気を使ってモーターで走るため、環境破壊につながる二酸化炭素の排出量が少なくなるとされています（エンジン車とEVの二酸化炭素排出量の比較については、現在も研究者や専門家が試算中）。

また、複雑な構造を持つ内燃機関（エンジン）とは違い、EVは駆動モーターがシンプルで、使用部品が少ないという特徴があります。

そのため、大手自動車メーカー以外のメーカーも、EV開発に参入するハードルが下がったと言えます。

２０１９年のノーベル化学賞を受賞した旭化成名誉フェローの吉野彰氏はリチウムイオン電池を開発した実績が評価されましたが、ＥＶはまさにリチウムイオン電池があればこその存在です。

ＥＶというと自動車メーカーばかりに注目してしまいがちですが、実は、ＥＶの中核をなす車載電池に関連する企業（銘柄）だけでも数多くあります。

「ＥＶ」「関連銘柄」と検索すれば、いくつもの銘柄がすぐに出てきます。

今後の世界の流れを読む意味でも、環境やＥＶ関連といったテーマにしっかり関心を寄せ、株主として応援したいと思える企業・銘柄に出合えたら投資をしてみるのもよいかもしれません。

次に挙げるのが、女性の活躍推進というテーマです。

みなさんは「なでしこ銘柄」という言葉を聞いたことはあるでしょうか？

経済産業省は、東京証券取引所と共同で、２０１２年度より女性活躍推進に優れた上場企業を選定しています。

「なでしこ銘柄」は、その女性活躍推進に優れた企業として選ばれた銘柄です。長期的に伸びる企業として評価された銘柄といってもよいでしょう。

2018年度は、なでしこ銘柄で42社、準なでしこ銘柄で22社が選ばれました。実際、なでしこ銘柄42社の業績パフォーマンスを確認したところ、2019年2月末時点の売上高営業利益率(10・2%)は、東証一部銘柄の平均(8・7%)よりも高いことがわかっています。

新聞の経済面や金融面、テレビの経済番組で市場動向や次世代新技術など、必要な情報を取りに行く。

つまり、女性活躍を推進している企業は、業績も株価も好調なのです。

「なでしこ銘柄」で検索すれば、すぐに銘柄群が出てきますので、関心を持った方はチェックしてみることをお勧めします。

また、資産形成のための株式投資からは少し離れますが、株式投資には株主優待という楽しみもあります。

株主優待とは、一定の株数以上を保有している株主に対して、年に1〜2回、配当金以外のモノやサービスを贈呈するという制度です。

権利付き最終日と呼ばれる時点で、その銘柄を保有していれば、優待品を受け取ることができます。

割引券や優待券、お米や地方の特産品などのほか、通常では買うことのできない商品がプレゼントされるケースもあります。

決算期末の年1回、もしくは中間期末を含めた年2回、優待品を受け取ることができ、その時期をボーナスのような感覚で楽しみにしている投資家もいます。

企業から何かもらえるというのは、わくわくした気持ちになります。

ただ、すべての企業が株主優待制度を導入しているわけではないので、ご注意ください。

現在は、上場企業のうち、3社に1社が株主優待制度を採用しています。

このように、株式投資は収益だけではないメリットを味わえる資産形成の手段の一つとも言えます。

不動産投資に「逆算力」を活かす

一時ほどの勢いはなくなりましたが、不動産投資熱はまだ続いています。

2013年に2020年のオリンピックが東京で開催されることが決まって以降、首都圏のマンション価格は高騰を続けてきました。

確かに、不動産投資は長期の収益が望める投資です。

私が講演やモデレーターとして出演させていただいているセミナーなどでも不動産投資に対して、多くの女性たちが関心を寄せている姿を目にしています。

不動産投資は、「不動産を購入する」という投資であり、購入した不動産を「使いたい人（借りたい人）」に貸し、貸している間、家賃をもらうという形式です。つまり大家となることで、家賃が収益となります。

不動産投資にはいくつかの種類がありますが、個人投資家に人気があるのは、不動産投資の中でも「アパート投資」「ワンルーム投資」「戸建投資」の３種類の投資です。

また、ＮＰＯ法人住宅ローン問題支援ネットの代表理事の髙橋愛子さんによれば、不動産投資はミドルリスク、ミドルリターンの手堅い投資だということです。

将来的には子どもたちにも引き継ぐことができる資産であることも魅力的なところです。そのため、会社に勤めながら老後資金のために不動産投資を始める方も増えています。

ただし、不動産投資を成功させるためには絶対的な条件があります。

よい物件を購入して、よい融資を組むこと。

「そんなの当たり前じゃないですか！」

と言われるかもしれませんが、これは実はそう簡単なことではないのです。

「よい物件を購入して、よい融資を組む」

簡単とも思えるこの2つのことができないと、不動産投資はいとも簡単に不良債権化します。

手元に残るのは、売るに売れない物件と多額の債務のみです。


不動産投資は、購入物件選びも大切ですが、経営感覚を持つことも大切。


実際、物件選びや借入先の選定を失敗して破綻する大家さんが急増しています。

不動産価格が上がっているからといって、勢いに任せてアパート経営に乗り出したものの、入居者が集まらず、ローン返済に窮して破綻する、などといったパターンです。

その中には、先ほど触れた、会社に勤めながら投資した方々も含まれています。

不動産投資は「投資」という名前がついていますが、実は立派な経営です。区分所有マンション、木造アパート一棟、あるいは鉄筋コンクリート造のマンション一棟、物件の特徴や購入金額もさまざまです。

物件の特性に応じて、家賃収入の推移など、慎重に収支シミュレーションを重ねることが大切です。

購入金額（投資した資金）と家賃から上がってくる収益（家賃収入ーローン返済金＝利益）をどうプラスにしていくか（入居率を上げる）、そして借り入れたローン返済がいつ終わるかなど、単なる投資行為のほかに経営センスも問われます。

今はよくても、５年先や10年先、さらに20年先の将来的なリスクを見据えた物件選びが求められます。

不動産投資は、これまでお話しした株式や投資信託への投資と同様に、いやむしろ、それ以上に経営についてや経済動向に対する十分な知識を事前に身につけておくことが、重要です。

みなさんが不動産投資で失敗することのないよう、こうした意識づけの大切さをここでしっかりと強調しておきたいと思います。

最後に、不動産投資は、いつから始めても構いませんが、アラサーやアラフォーの働いているみなさんは、年金支給が開始される65歳には不動産投資に関わるローンの返済がほぼ終わっている、というのが理想的です。

保険に「逆算力」を活かす

「逆算力」がもっとも活かされるのが保険の分野です。

急なケガや病気で、収入よりも支出が大きくなったときに備えてお金を掛けておく、つまり、不足する分（足りない保障額）を逆算して考え、将来に備えておくのが保険です。

何となく知っているようで、でもいざとなるとよくわからない。

そんな保険について理解を深めることが、私たちの老後の備えとしてのライフプラン、マネープランをさらに豊かなものにしてくれます。

保険には生命保険、損害保険、そして国が運営する公的保険があります。

ここでは主に、民間の保険会社が提供する商品を取り上げます。

保険や証券などを中心に、働く方々の資産形成をサポートし、ライフプランニングを提供している株式会社ＦｉｎＣｕｂｅ代表の長谷部真奈見さんに、保険についてお話を伺いました。

長谷部さんから伺ったことも踏まえて、ここでは、老後の備えに役に立つ保険についてご紹介したいと思います。

1　医療保険

病気やケガで入院した場合などに、契約内容に基づき、決まった金額を支払ってくれるのが医療保険です。

一口に医療保険といっても実に多くの商品がありますが、保障内容により入院

1日あたり〇〇〇〇円、手術をした場合に△△△△円、といった形で支払われる金額が決まります。

公的医療保険における「高額療養費制度」と組み合わせることで、民間保険の効果がさらに高まります。

高額療養費制度では、差額ベッド代や先進医療にかかわる費用など、対応できない部分がどうしても残るからです。

誰でも病気やケガなどで働けなくなることが、生活していく中での一番のリスクです。そのための備えとして、もし医療保険へ加入していなければ、加入を考えてみられてはいかがでしょうか。

2 がん保険

医療保険を、さらにがんという疾病に特化させた保険です。

がん保険では、先進医療にかかわる費用に対する特約などもありますので、必要に応じて確認しておきましょう。

今の日本では、生涯で２人に１人はがんになると言われています。

まったく他人事ではありません。

特に乳がんは女性が罹患するがんの中でもっとも多いですが、早期発見、早期治療によって生存率が格段に高まります。

そのため、がんと診断されたらまとまった額の一時金が支払われるタイプの保険に入っていれば治療に専念することができます。

さらに、一度がんになると、直接の治療もさることながら、アフターフォロー（通院、再発、退院後）にも多くの時間と費用がかかります。

当然、働き方にも影響が出てきます。

だからこそ、しっかりと金銭面の備えをしておくことが大切です。

老後を見据えた資産形成では、プラスを出すことはもちろんですが、マイナスを出さないということも、また大切なことなのです。

このマイナスを出さないということから言えば、保険がそのもっともよい商品となります。

また、資産形成でどんな商品を購入しようかと検討する際には、できるだけ積立型の商品を選んでください。

つみたてＮＩＳＡだけでは、必ずしも十分とは言えない資産形成の隙間をカバーしてくれるのが、積立型の保険です。

掛け捨て型保険に比べて保険料は高くなりますが、資産形成にもなる貯蓄型保険に加入すれば、保障以外に、もし途中で解約しても（解約時期によるものの）、解約返戻金を受け取れる場合もあります。

生命保険は、投資逆算力がもっとも活かされる分野。
資産形成にもなり、保障も、税制控除も受けられる。
目的に合った保険を選びましょう。

また、養老保険のように保険期間が決まっている保険であれば、保険期間が満了した時点で、満期保険金を受け取ることができます。

そして、生命保険の、お得なメリットとして、生命保険料控除があります。

生命保険料控除は、所得控除の一つで、払い込んだ保険料に応じて、一定の金額が契約者（保険料負担者）のその年の所得から差し引かれる制度です。

税率を掛ける前の所得が低くなることにより所得税、住民税の負担が軽減されますので生命保険料控除を利用しない手はありません。

控除には次の3つがあります。

⑴　**一般生命保険料控除**

死亡保険、学資保険などの保険料

⑵　**介護医療保険料控除**

医療保険、がん保険、介護保険などの保険料

⑶　**個人年金保険料控除**

税制適格特約が付帯された、個人年金保険契約などの保険料

資産形成を含め、どんな生命保険に加入したらいいかは、保険の専門家にご相談ください。

商品が多岐にわたるのと、保険期間や保険料の支払いが長期にわたるので、個人で適切な保険を選ぶのには限界があります。

最近は街中に生命保険各社の保険を扱っているお店がありますので、気になる生命保険があったら話だけでも聞きに行ってみてはいかがでしょうか。

資産形成としての外貨預金

最後に、資産形成のための「逆算力」とは直接関係ないのですが、分散投資という観点から外貨預金についても簡単に触れておきます。

投資信託や株式投資に比べると、縁遠いイメージもありますが、それでもいくつかのメリットを見出すことができます。

外貨預金の金利は、各国の金利水準に基づいて設定されていますので、円預金よりも高い金利の通貨もあります。

例えば、今、日本の定期預金の１年の金利は０・０１０％（１０００万円以上、みずほ銀行２０１９年10月23日現在）ですが、米ドルの外貨定期預金の１年の金利は０・４５０％です（１通貨単位以上、みずほ銀行２０１９年10月23日現在）。

国内金利の上昇が見込めない中、外貨定期を作るのは分散投資におけるメリットの一つと言えます。

ただし、外貨預金の場合は、為替リスクがあるということを忘れてはいけません。

利息が高いからといっても、円安・円高によって差益（利息以上の利益）も出れば、差損（元利含めても元本割れ）も出ます。

例えば、米ドルの外貨預金に預け入れたい場合、手持ちの円を売って米ドルを買わなければなりません。

仮に今１ドル１００円で、１０００万円で10万ドルの米ドル外貨定期をしたとします。

外貨預金は、預金利率は高いかもしれませんが、為替リスクがあることを忘れないで投資しましょう。

そして、1年後、利息を含め10万450ドルになります。

そのとき、ドル/円の為替レートが100円以上なら利息分を含め利益が出ます（銀行為替手数料は考えない）。

しかし、ドル/円の為替レートが、99・56円より円高になった場合は、元利を含め円貨に戻した場合、マイナスになります。

資産形成に安定を求める方には、外貨預金はかなり注意して取り扱ってほしい商品となります。

ただ、年間で海外に住む期間が長い、もしくは、海外出張等が多く外貨をそのまま使用できる、という環境の方々にとっては、利便価値としてのメリットもあります。

資産形成のために投資する。その際に大切なのが「逆算力」です。

できるだけ多くの情報に接し、状況を読み解く力。

その能力を駆使して、できるだけリスクが少ない選択をして実践していきましょう。

第5章

4年後を想像した投資をする

数字や資料を読み、その会社や国のことについて徹底的に調べる。
それが面倒なら投資なんてしない方がいい。
調査するうえで、情熱はとても需要な要素です。
粘り強さに加えて、情熱がなければ成功はできないでしょう

ジム・ロジャーズ

「4年」という時間軸

政治や経済、経営を「海」や「川」であるとしたら、この先どうなるかという、潮流を読むこと、つまり、時代の流れをしっかりと読み解くことは大切です。

そのために必要なのが、「4年」という時間軸なのです。

例えば、アメリカ大統領の任期ですが、4年です。

そして、4年ごとに大統領を選ぶ選挙、大統領選挙が行われます。

もちろん、初めから「4年」という時間軸を意識して、大統領の任期が決められたわけではないと思います。

事実はむしろ逆で、世界の政治・経済にもっとも大きな影響を与えているアメリカ大統領の任期が4年だからこそ、時代の流れが4年間隔という同じ周期で変動することになる、と考えるのが正しいと思います。

このような認識と意識があれば、大統領選挙や大統領の任期である4年という時間を見る目も違ってくると思います。

アメリカは共和党と民主党という2大政党のどちらかから大統領がでます。今（2019年）のトランプ大統領は共和党ですが、次の大統領はトランプ大統領が再選されるか、それとも民主党の候補者が大統領になるのかわかりません。

トランプ大統領が再選するにせよ、民主党の候補者が大統領になるにせよ、世界の政治・経済に与える影響は大きなものとなります。

それを意識してアメリカや世界、そして日本の政治・経済の動きを見るだけでも、資産形成に対する考え方が変わってきます。

また、オリンピックやサッカー、ラグビーのワールドカップの開催も4年に一度です。

東京五輪のニュースを見ているだけで、それがもはや「スポーツの祭典」という枠組みにはとどまらず、政治・経済の面でも重要なビッグイベントにほかならないという事実に気づかされます。

この本の中でもお話しした都心部のマンションの高騰の話（108ページ）な

どは明らかに、東京五輪の影響で生じた現象です。

さて、ここから少し専門的な経済のお話をします。

できるだけわかりやすくお話ししますので、４年という時間を考えるうえで、とても参考になるはずですから、ぜひともついてきていただければ幸いです。

聞きなれない言葉だとは思いますが、「キチンサイクル」という経済用語があります。

アメリカの経済学者・キチンが提唱した、景気循環の４つの波の一つを表す言葉です。

一般的に、景気がよくなると企業は生産量を増やすので、在庫が増大します。在庫が増えるにつれ、生産量は落ちて、だんだんと景気は悪くなります。

このサイクルをキチンサイクルと呼び、周期は40カ月前後とされています。

平均10年弱程度のジュグラーサイクル、20年程度のクズネッツサイクル、そして50年前後の景気の波を問題とするコンドラチェフサイクルなどの景気循環に比べて、キチンサイクルは短い周期であることから短期循環、小循環とも呼ばれています。

キチンサイクルの40カ月前後を約4年と設定し、その周期で景気循環が起こると考えてみると、4年という時間軸がわかりやすく捉えることができると思います。

景気がよくなったり、悪くなったりする要因はさまざまなことが重なり合っていて、これが原因だと特定することは難しいのです。

しかし、ITによる技術革新の速度も速くなり、変化の非常に激しい現代では、経済の先行きを読むうえで、短い周期のキチンサイクルを理解することが、重要であるという見方が出てきました。

経済の先行きを読む力を養う一つとして、みなさんに、こうした景気循環があるということを知っていただければと思います。

そして、そうした時代の流れ、景気循環の中に自分のライフプランも組み込まれることも知っておくと、より将来を見据えた計画が立てやすくなるはずです。

「鳥の目、虫の目、魚の目」

この言葉は、実際に聞かれたことのある方も多いかもしれません。

「鳥の目、虫の目、魚の目」とは、多角的で広い視野を持って物事を判断することで、政治や経済、経営の状況を読み解く際に用いられる言葉です。

物事を俯瞰して見る、大局的に見る、と言ったほうがよりイメージしやすいかもしれません。

ここではまず、それぞれの「目」が意味するところを、改めて簡単に確認していきたいと思います。

①「鳥の目」

まさに「鳥瞰図」という言葉が象徴するように、高い視点で物事を眺める資質を意味しています。

高所から眺めれば、広い範囲を見て取れる。

経営者の方々がよく「大所高所から」とおっしゃいますが、これは「鳥の目」

で俯瞰することを言っているのです。

②「虫の目」

実際に虫になったことがないのでわかりませんが、虫はその小さな目で、非常に小さな世界を眺めています。

言い換えれば、細部をしっかりと見ているのです。

人間の目では見えない世界も、虫にはしっかり見えている。

「鳥の目」がマクロだとすれば、「虫の眼」はミクロの視点。細部を見逃さず、さらに深く掘り下げていくスタンスが重要だということです。

③「魚の目」

思わず「魚眼レンズ」を連想した方も多いと想像しますが、ここで言う「魚の目」は、広い範囲を見るということではなく、流れを見ることです。

海や川を泳ぐ魚には、目に見えない潮や水の流れを読み取る能力があります。

そんな魚のように時代の潮流をしっかりと見定めることを表しています。

「鳥の目」「虫の目」が空間的な広がりに関係しているとするならば、「魚の目」は明らかに、時間軸と関係しています。

鳥の目……高い視点で物事を眺める
虫の目……細部をしっかりと見る
魚の目……時代の潮流をしっかりと見定める

このような3つの目を持ってニュースや社会を見てみてください。

ある上場企業の株価動向一つを例にとっても、細かな情報だけを気にするのではなく、その企業の業務内容、新製品や事業計画なども気にしてみてください。

その企業関連のニュースが出てきたら、報道されたニュースの背景に何があるか考えてみてください。

理由もなく、企業がプレスリリースを出すことはありません。

また、その企業が属している業界動向や日本国内マーケットだけを対象にして事業展開しているのか、グローバルな視野を持っているのか、その中でその企業はどういう位置づけなのか、注目すべき切り口はたくさんあります。

目にする情報について、「局所」と「大局」、さらには「現在」と「過去」という複層的な視点を活用しながら分析することで、「未来」に対する目を養っていくことができます。

特に経済ニュースに関しては、先を読む力が重要です。

もちろん、すべてを自分で読み解くのは困難です。

その分野の専門家やアドバイザーなどの意見や見解も参考にしながら、「鳥の目、虫の目、魚の目」を持って情報と向き合うことにより、多くの疑問や問題意識が芽生えるとともに先を読む力も育まれます。

先を読む力は、投資形成をする際の「逆算力」の力強い味方にもなります。

20××年、東京五輪後の日本

２０１９年の日本国内では、政治やスポーツなど各界で大きな国際会議や国際大会がありました。

６月末に「Ｇ20大阪サミット」が開催され、９月から11月にかけて、「ラグビーワールドカップ２０１９」が開催されました。

東京五輪だけでなく、こうした国際的なイベントの効果も手伝って、日本を訪れる外国人の数が堅調に増加しています（２０１９年10月現在、２０１９年１～９月の累計約２４４０万人、日本政府観光局〈ＪＮＴＯ〉）。

政府が定めた２０２０年の目標である訪日外国人４０００万人という数値も、十分射程圏内に入ってきました。

海外からの資金流入や直接投資が循環する国際イベントの開催が続けば、日本経済全体への継続的な経済波及効果も期待できます。

例えば、大会開催前にラグビーワールドカップ２０１９組織委員会では、大会開催における経済効果は４３７２億円、スタジアムでの観戦者は最大１８０万人（最終的には、延べ１７０万４４４３人が観戦）、訪日外国人の数は40万人にも達し、関連する消費支出による直接効果は１０５７億円にも上ると試算しました。

また、２０２０年には東京五輪が開催されます。

その経済効果について、東京都は、招致が決まった２０１３年から、大会終了後の10年間、つまり２０３０年までの18年間で、およそ32兆３０００億円にも上ると試算しています。

まさにオリンピックは、経済面でもビッグイベントであると言えます。


しかし、こうした流れは東京五輪で終わりではありません。

東京五輪後の国際イベントとして新たに期待されているのが、２０２５年に開催される日本国際博覧会（大阪・関西万博）です。

日本での万博開催は、１９７０年の日本万国博覧会（大阪）、１９７５～１９７６年の沖縄国際海洋博覧会（沖縄）、１９８５年の国際科学技術博覧会（筑波）、１９９０年の国際花と緑の博覧会（大阪）、２００５年日本国際博覧会（愛知）に続き通算６度目。

大阪での開催は実に35年ぶりとなります。開催期間は２０２５年5月3日〜11月3日の１８５日間、想定来場者数は約２８００万人、会場は大阪市の人工島、夢洲《ゆめしま》です。

ＡＩ（人工知能）やＶＲ（仮想現実）などを体験できる、「最先端技術の実験場」とのコンセプトを掲げ、テーマは「いのち輝く未来社会のデザイン」、サブテーマは「多様で心身共に健康な生き方、持続可能な社会・経済システム」と定められています。

さまざまな新商品を生み出すための、大切なプレゼンテーションの場として、世界各国の企業も注目しています。

２０２５日本万国博覧会誘致委員会事務局の試算によれば、関西万博での経済効果は約2兆円とされています。

最後に、国際イベントとは異なりますが、国際的に注目されているイベントとして挙げられるのが、２０２7年に予定されているリニア中央新幹線の東京—名古屋間の開通です。

２０２０年の東京五輪後も、
さまざまなイベントがあります。
資産形成のチャンスが訪れますが、
大切なのは、「自分の頭」で考えること。
成功しても失敗しても、「自分の頭」で考え、
なぜそうなったかを検証することが大切です。
そうすれば、いつの間にか
「投資家思考」が身につきます。

中部圏社会経済研究所の試算によれば、その経済効果は、２０１８年度から開通後10年にあたる２０３７年度までで計14兆８２０４億円とのこと。

そのタイミングに合わせるように、東京駅・日本橋口の常盤橋地区には、日本で一番高いビルが竣工予定で、名古屋駅では高さ１８０ｍ、全長４００ｍの超横長・超高層ビルが計画されていますから、都市開発の面からも経済効果を見込むことができます。

このように、令和の新時代は、継続的に国際的に注目を集めるイベントが目白押しです。「鳥の目、虫の目、魚の目」を持って、関連する多くの情報を適切に把握することが、資産形成にも活きてきます。

「国際金融都市・東京」構想について

最後に、この国の首都・東京の未来について考えてみます。

すでに関連する記事を目にした方も多いかもしれませんが、東京都では、今から3年前の2016年11月に「国際金融都市・東京のあり方懇談会」を設置し、国内外の有識者に意見を求め、議論を重ねてきました。そしてその翌2017年、最終のとりまとめが行われました。

最終的にまとめられたプランには、次の3つの柱が存在します。

1 魅力的なビジネス面、生活面の環境整備

海外の金融系企業や有能な人材が集まるよう、税負担の軽減などを真剣に検討すると共に、金融系行政手続きの相談体制、英語化対応の強化、さらに生活面の環境整備を推進していく。

2 東京市場に参加するプレーヤーの育成

事業者間の競争を促進し、都民にとって、低廉かつ良質な金融サービス、商品が提供されるよう官民一体となって取り組む。

海外プロモーション等を通じて海外企業を誘致し、資産運用業、フィンテック産業の育成、金融系の人材育成を推進していく。

❸ 金融による社会的課題解決への貢献

顧客本位の視点から、金融商品の販売・開発に携わる金融機関や、家計や年金等の機関投資家の資産運用・管理を受託する金融機関が、真に顧客・受益者の利益にかなう業務運営を実行するよう徹底する。

世界的に注目されつつあるＥＳＧ投資についても、東京市場に積極的に取り込んでいく。これらの取り組みを通じて金融による社会的課題の解決に貢献していく。

（『国際金融都市・東京』構想　〜『東京版金融ビッグバン』の実現へ〜」東京都資料より再構成）

こうした取り組みの中で「❷　東京市場に参加するプレーヤーの育成」という

未来のマーケットを担う新しいプレーヤーの育成は、やはり重要な課題であると考えます。

現在の東京では、フィンテック[注1]、キャッシュレス化、IoT[注2]、クラウド、地方創生、実にさまざまな分野で真剣にビジネスに取り組む、ベンチャーやスタートアップ企業が増えています。

注1　フィンテック……金融（Finance）と技術（Technology）を組み合わせた造語。金融サービスと情報技術を結びつけたさまざまな革新的な動きのことで、身近な例では、スマートフォンなどを使った送金もその一つ。

注2　IoT……Internet of Things の略。従来インターネットに接続されていなかったさまざまなモノ（センサー機器、駆動装置〈アクチュエーター〉、建物、車、電子機器など）が、ネットワークを通じてサーバーやクラウドサービスに接続され、相互に情報交換をする仕組み。

そのような企業の多くが、茅場町周辺に集まっており、シリコンバレーにならって「カヤバレー」という言い方もされるようになってきました。

特にフィンテック関連企業が集積し、未来を見据えた若い経営者が、有意義に情報交換し、互いに切磋琢磨し、国際金融都市・東京のメインプレーヤーとなるべく努力を続けています。

また、「❸ 金融による社会的課題解決への貢献」で言われる、「投資家・顧客ファースト」の徹底も私たち一人ひとりにとって大切な流れです。

なぜなら、ここで言われている顧客本位の視点を徹底し、金融機関が真に顧客・受益者の利益にかなう業務運営を実行していくという流れは、私たちの資産形成に直接影響してくる問題だからです。

実は、2000年以降、金融機関による投資信託の販売は、短期売買を助長しているとの批判があり、特に問題視されてきたのが、高齢者が好んで購入する毎月分配型投信の短期回転売買でした。

前にお話しした通り、資産形成には「長期・積立・分散投資」が有効であり、金融機関の手数料収入を目的とした投資信託の短期回転売買は投資家の不利益となります。

また、短期のテーマ性を持った投資信託を顧客に勧めることは、「長期・積立・分散投資」という資産形成の基本からも外れることです。

それなのに、一時期は、短期のテーマ性を持った投資信託が投資信託全体の7割近いシェアを占めるほどになっていました。

短期で回転売買し、販売手数料重視を優先する業界の体質が、多くの人に「投資信託は儲からない」というイメージを与えてしまったという見方もあります。

しかし、つみたてＮＩＳＡは、こうした悪しき慣習を改めるべく登場した「長期・積立・分散投資」を促すための制度です。

老後に備え、ライフプランを描き、逆算力を活かしながら、自分の豊かな人生を目的とした資産形成を始める。

そして、できるだけ資産寿命を延ばす。

これまで､この本でお話ししたことが少しでもみなさんの新たな気づきとなり、これからの人生の羅針盤としてお役に立つことができるのであれば、著者としてはこの上ない喜びです。

おわりに——ほんの少し先を見据えることが成功の秘訣

成功の秘訣とは
ほんの少し先の路面を見据えていることである。
そうすれば落とし穴に落ちることもない

ウォルター・クロンカイト

みなさん、いかがでしたか？　漠然と抱いていた老後のお金や資産形成の仕方への不安など、少しはモヤモヤした気持ちが晴れましたでしょうか？

この本を書くきっかけは、いわゆる「老後2000万円問題」、報告書に書かれた1行が、真実を伝えられないまま、大きな話題となり、誤解を生んでいる状況を見て、そして、その報道後、多くの女性が証券会社の資産運用セミナーに参加される姿を見て、その不安を取り除きたいと考えたことにありました。

金融庁の金融審議会市場ワーキング・グループがまとめた報告書の意味するところは、老後を見据えたうえでのお金を基軸としたライフプランを、私たち一人ひとりがしっかりと考えていくことにあります。決して、老後のお金に対しての不安をあおっているわけではありません。

資産運用は、人の数だけさまざまな手法が存在します。ある人にとってベストな形でも、別の人にはあまり勧められるやり方ではないこともあります。

この本の中でも再三お話しさせていただきましたが、資産運用の基本は「長期、積立、分散投資」です。

今の自分の現状と将来の目的を明確にしたライフプランを作り、じっくり、ゆっくり、あせらず、無理せずに資産形成を実行していってください。

また、この本では、世界三大投資家とされているウォーレン・バフェットやジム・ロジャーズらの名言から、みなさんのライフプランの羅針盤となるようなメッセージを選びました。

「おわりに」では、アメリカのテレビジャーナリズムの象徴とも言われたニュース番組『CBS Evening News』のニュースキャスターを務め、真摯な報道姿勢から「大統領よりも信頼できるニュースキャスター」と称されたウォルター・クロンカイトの名言を記しました。

この言葉を挙げた理由は、ほんの少し先を見据えることが成功の秘訣であると指摘するクロンカイトのメッセージには、この本のテーマでもある「逆算力の大切さ」の意味も含まれているように思えたからです。

人生設計・ライフプランとは、将来の目的を明確にしたうえで、実際には、コツコツと積み立てるように実行していくものであり、まずは、少し先に設定した目標から逆算して物事を進めていく。その繰り返しを長期にわたり重ねていくことにより、ライフデザインが実際に描かれていきます。

みなさんが落とし穴にはまることがないように、着実に前進していくことができるように、この本が道先案内人になれたのであれば幸いです。

最後に、この本を執筆するにあたり、「老後2000万円問題」や投資についての考え方など、的確なアドバイスをくださいましたセゾン投資株式会社代表取締役社長の中野晴啓氏、専門的な質問に対し簡潔にお答えくださったNPO法人住宅ローン問題支援ネット代表理事の髙橋愛子氏、株式会社FinCube代表の長谷部真奈見氏に、心より御礼申し上げたいと思います。

また、作家の細谷知司氏にも、この本の構成や内容、文章表現に至るまで、的確なアドバイスをいただきましたことに、心から感謝しております。

そして、この本の版元であるシャスタインターナショナルの林定昭編集長には、本の企画の段階から迷走しそうな私の意図を明確に読み解いていただき、大変お世話になりました。本当にありがとうございます。

そのほか、さまざまな示唆をくださった方々が、数多くいらっしゃいます。一人ひとりのお名前を挙げることができずに、大変申し訳ないのですが、ここに厚く御礼申し上げます。

この本が、一人でも多くの方の人生にとりまして有益なものとなりますように。

鈴木ともみ

2019年11月

鼎談

セゾン投信　中野社長に聞く
令和時代の資産形成の極意

ここまで、2019年6月に話題となった「老後2000万円問題」の本質や、投機や投資の違い、ライフプランニングや資産形成に必要な逆算力の考え方など、お話ししてきました。

ここでは、金融審議会市場ワーキング・グループ報告書「高齢社会における資産形成・管理」を作成された委員の一人である、セゾン投信株式会社代表取締役社長の中野晴啓さんに、「老後2000万円問題」や報告書のこと、令和時代における資産形成など、現場の第一線で活躍されている視点から、鼎談の形式でいろいろとお話を伺いたいと思います。

読者のみなさんにとっては、この本に書かれていることを確認する場になるとともに、資産形成をするうえで、とても大切な示唆を与えてくれる話が満載です。

ぜひ、現場からのナマの声を、これからの資産形成に役立てていただければ幸いです。

出席者

N セゾン投信株式会社　代表取締役社長　中野晴啓
H シャスタインターナショナル　編集長　林　定昭
S 著者・経済キャスター　鈴木ともみ

「老後2000万円問題」とはなんだったのか？

S　今年（令和元年・2019年）の6月にメディアで「老後2000万円問題」という言葉が突然、金融審議会市場ワーキング・グループ報告書「高齢社会における資産形成・管理」（以下、報告書）から離れて独り歩きする形でバーンと出てきて、私たちは衝撃を受けました。

多くの人が、急に「えっ、2000万円も用意しなければいけないの？」という恐怖感とか、漠然とした不安にとらわれてしまったことが一番の原因だと思います。

改めてお伺いしますが、この報告書をまとめたワーキング・グループの委員の一人である中野社長は、この「老後2000万円問題」がメディアを通じてバーッと世の中に出てきたときの率直な感想はいかがでしたか？

N

あのときは、マスコミには報告書の趣旨は取り上げられずに、公的年金のほかに1人当たり2000万円足りないという表現だけが切り取られてフォーカスされたので、不本意だったという以外にはないですね。

S

しかし、そのおかげと言っては変ですけれども、報告書が注目されたことで、結果的に、現役世代の人たちが投資に興味を持つようになってきたという現象が出てきましたよね？

多くの人は、老後資金が不足することはわかっていた

N

世間の声は、「老後に2000万円足りないって、当然そうだ」って思っている。これが、この報告書の騒動によって明らかになった一番大きな成果のひとつだと思いますよ。

だから別に、実際に「2000万円も不足するんだったの？」と驚いた人は、テレビが作ったコメントだけじゃないですか？

それと公的年金だけで豊かな暮らしをしていこうなんて、ほとんどの人は考えてないんじゃないですか。だからこそ、不安になって、一生懸命に預貯金をしているという事実があると思います。

S

だから貯金、貯蓄なんですね。

もともと不足すると認識していたんだということが、浮き彫りになったのでしょうね。

では、報告書のワーキング・グループのメンバーとして、改めて今回の報告書の趣旨というものを簡潔にお話ししていただけますでしょうか？

今の生活を維持したいのなら、長期資産形成は必要不可欠

N いくつかのテーマがあるんですけど、一番伝えたかったことは、「われわれ日本の生活者が、これまで享受してきた、それなりに豊かな人生や生活をこの先も継続、維持、まっとうしたいと思うならば、長期資産形成という行動は、絶対必要不可欠である」ということです。

S 必要不可欠である、なんですね。

N 「絶対必要不可欠である」、です。

報告書には、長期資産形成が絶対必要不可欠であるということを裏付けるさまざまなデータや、人生を3つの時期に分けて自分が思い描く将来の資産形成を実現するためには、どういう行動を具体的にとったらいいのか、を整理して書いてあります。

そして、メインは長期資産形成をしっかりとやっていくこと。逆に言うと、それなりに自分が納得できる豊かな人生っていうのは、しっかりと資産形成をすれば実現可能だということを具体的行動手段で喚起しているのが、この報告書です。

老後資金の不足額が、２０００万円だとしても、それは何もしなければ２０００万円足りなくなるということであって、資産形成をしていくことで、十分に不足分はカバーしていけるということです。

世の中はそんなに甘くないので、何もしなければ、老後資金は足りないですよ。

そもそも公的年金というのは、全部の人が満足いく人生を送れるように国が面倒みるという制度ではないのです。世界共通の常識的概念として、公的年金は生きるための最低保障（ナショナルミニマム）です。

S 最低保障なんですか？

N 最低保障です。人が生きていくための。最低保障だけでいいのであれば、それはそれで、生き方があると思いますけれど、しかし、大半の人は今までの豊かな、そして今享受している豊かな人生をそのまま将来においても続けたいと希望するでしょう。

公的年金は最低保障（ナショナルミニマム）でしかない

S そういう具体的な考え方の示唆も含めた報告書だったということなんですね。それが、なぜか「老後2000万円問題」という言葉だけが独り歩きしてしまったということなんですね。

N あの時期（2019年7月の参議院選挙前の6月に報告書は出た）は選挙前だからだったのでしょう。

その後、報告書の内容については、多くの人が読むことになり、特に多くの有識者が、今ではあの報告書を非常に高いレベルで評価しています。一般の方々は、そんなに読んでいないでしょうけど、いわゆる有識者と言われるような人たちは、「老後２０００万円問題」が話題になったことで、目を通さざるを得なくなったんです。

そして、報告書を読んだ有識者の大半は、「これはきわめて妥当で、まっとうな内容である」ということを口をそろえて言っています。「本当にひどい報告書だ」と言った人に、一人も出会ったことがない。

資産形成には「長期・積立・分散投資」が有効

S　また、報告書の中には、今後のライフプランを立てて、老後資金を用意しておく。そして、それには「長期・積立・分散」の投資手法が有効だということも書かれていますね。

N この報告書は、そうした具体的行動手段にまで踏み込んだ意欲的な意見書なのです。

S 話題を報告書から、投資について変えたいのですが、投資というとどうしても、まだまだ損をすると思っている人が多いと思います。

投資は損をするけど、増えるかどうかは別として、貯蓄は損をしない。

そのようなイメージが多くの人にある中で、あえて資産形成に投資を活用するメリットってなんでしょうか？

預金によって一定の財産形成ができる時代は、20世紀で終わった

N シンプルに言えば、20世紀は、預金がお金を増やす機能と役割を担っていたので、結果的に預金が財産形成のきわめて適切で重要な手段だったということです。

しかし、今はもうすべての人が認識している通り、金利が実質ゼロになっ

て20年以上経ちます。そして、預金というものが、お金そのものを保存するだけの機能しかなくなってしまったということです。つまり、預金には、もうお金を増殖させる機能はないということです。

ではお金を増殖させるにはどうしたらいいのか？

それはもう非常にシンプルなことです。資産運用に回すことです。要するに経済の富を作る中の機能として、お金を働かすことで増殖させるのです。

S この本の中でも、「お金に働いてもらう」という表現をしているのですけど、そういうことでもありますね？

N そうです。そして、投資という言葉も今では金融庁も使っていない。報告書にも投資という表現がないに等しいんです。

S 表現がないに等しい？

投機と投資の違いとは

N 資産形成という言い方に変わったんです。

また、多くの人は投機と投資を同一視しています。

投機は、値段の動きの差を取っていくだけの行動なので、例えば為替の売り買いだけではなんにも世の中に新たな価値を生まない。

新たな価値を生まない状況の中で記号のやり取りをしているだけ、これが投機です。しかし、そういった類の行動を多くの人は投資だというふうに思っている。

S 同一視していますよね。

N だけど、普通に会社が設備投資をしますというとき、投資という言葉を使いますが、人は普通に受け入れますよね？　設備投機と言う人は、いないですよね？

S 設備投機って言う会社もないです。

N そうなんです。だから、設備投資ってどういう意味かと言えば、設備を作ったことによって、設備が新たな価値を生むために機能するから、これを投資と呼ぶのです。このことを、みなさんが認識しているから、設備投資という言葉を普通に使っているのだと思います。

S 例えば、一人の人がより学びを深めるためにダブルスクールに通うことを自己投資って言うじゃないですか、自己投機とは絶対に言わない。これと同じですよね？

N そう、自己投機と言う人はいないですよ。そして、決して投資というのは、言葉自体、悪い意味で使われない。自己投資というのは、自分の付加価値、つまり人的価値を高めるための行動ですから、設備投資と同じなんです。

S

では、投資は投機と違って、問題はないのですか?

N

お金を働きに出した先が、社会に本当に新たな価値を長期的に生み出し続けるということではじめて、そこに投資したお金はその分だけリターンが返ってくる。新たな価値を生み出せないなら、リターンは返ってこない。

これが不確実性と言われるもので、この不確実性がリスクと呼ばれ、かつリターンの源泉です。一方で、預金というのは不確実性はありません。

S

不確実性というのはメリットにもなるし、デメリットにもなるのでしょうか?

N

もちろん、そうです。

要するに、その損失可能性を合理的に減らすための手段が、長期で積み立てをして、きちんと分散したものを投資対象にするということなんです。そして、決して損失可能性をゼロにはできない。

S ゼロにはできない？

N そうです、ゼロにはできません。ゼロにできないことをカタカナで言うとリスクと言うんです。リスクとは損失可能性のことなんです。

S 本当の意味での投資とか、資産運用とか、資産形成をしていくときに、損失可能性をゼロにはできないし、その不確実性イコール、リスクということが注意点になるのですね。

そうなるとやはり投資対象に対して選別する目っていうのをある程度一人ひとりが持っていないといけないんでしょうか？

一般の人が資産形成をするとき、投資信託が一番

N だから、ここに投資信託というものの社会的な非常に重要な存在意義があるんです。

一般の人が、資産形成をしようと思って行動をしたときに、もっとも有効な活用ツールは、常識的に投資信託であるということになります。

S 常識的に、ですか？

N 大半の一般生活者が資産形成の手段として活用するとき、投資信託にまさる合理的ツールというのは考えにくいんですよ。

S 個別株投資もですか？

N 個別株投資では、資産形成を合理的には叶えられないと考えます。投資対象を選別しなくてはいけないじゃないですか。なぜなら一つの銘柄で勝負をしてしまうことによって、きわめて投機的な行動になってしまうからです。

S でも、投資信託と個別株投資というのを同一視している人も多いと思います。

N 株にも、投資と投機があるということです。

S 株の中に？

N 当然のことです。どこからリターンを得ようとしているかということで、投機と投資が、明確に峻別できるのです。
日々のマーケットの値動きをリターンの源泉にしている限り、これはもう明確に投機以外の何ものでもない。そこに株というツールを利用しているだけです。

株式そのものは企業の資金調達の手段ですけど、資本市場を通じて日々、売ったり買ったりができるものになっている。売ったり買ったりできるものである以上は、値段が動くのです。

当たり前ですけど。その値段が動くっていうことを、自分の利益の源泉にしようとする行動をしている限り、これは全部投機なんです。

S たぶん多くのみなさんが、でも投資信託だって株の集合体じゃないか、投機とどこが違うの？と感じているかもしれませんけど……。

株は、買ったら持つ

N 投資というのは、自分のお金を資本市場を通じて産業資本として供給していくことですから、投機とはまったく違います。

産業活動の必要な資金として自分が出し手になるわけですから、まさにそれは株主になると言い方をよくしますけれど、株を所有するということなのです。

株というのは必ず買ったら売る、というのが当たり前だと、多くの人が考えていますが、投資という行動は、買ったら持つということです。

S 買ったら持つ？

N 投資とは何かと言われれば、「株式とか債券を買って保有すること」です。

保有することによって、経済活動、事業活動の支え手として自分のお金がそこに参加するわけです。事業参画することです。

そして、そのビジネスがきちんと世の中に付加価値を提供して、みんなに喜ばれて、それが売り上げになって、売り上げが上がったことによって、利益がきちんと生まれてくる。

この新たに生まれてくる利益というのが、まさに富です。この富をリターンとして得るのが投資の目的です。

S 投機と投資の明確なすみ分けが、一人ひとりの中にできてくると資産形成はスッキリしますね。

N だからこそ、金融庁は「貯蓄から投資へ」という言い方を変えてきているのです。「貯蓄から投資へ」だとほぼすべての人が「貯蓄から投機へ」と認識をするので、投資という言葉を封印して資産形成という言葉で統一させてきています。

また、長期投資という言い方がありますが、本来、投資に長期という言葉を付ける必要はないんです。投資は長期しかあり得ないからです。

投資した対象が、新たな価値を生むための必要な時間という意味ですから、投機である為替のディーリングのような時間軸で投資が成立するわけがないんです。リターンが返ってくるわけないので。

同じように短期投資という言葉も間違っている。ときどき使う人がいるんですが、短期投資っていう言葉はあり得ない。

S 矛盾している?

N 短期投資を5年、長期投資を20年とかのイメージで捉えている方は、また別なんですけど。みんな短期投資というと1日、2日でやることみたいなイメージで捉えているじゃないですか。

S ここで、話題を変えて資産形成について、お話しをいただきたいと思います。報告書でも書かれていますが、私の本でも世代別の資産形成についてまとめています。
　世代別で考えていくと30代、40代、50代、60代、それぞれの世代で資産形成の仕方は変えていくべきですか?

N 資産形成の仕方というのは、どの年代においても共通しています。
　報告書においては、資産形成世代、退職・リタイヤ世代、本当の意味での高齢期の3つのステージに分けて、それぞれ一番気をつけなければならないことを書いています。

ただ、資産運用という観点から言うと、これは30代だから何かすごいリスクの高いものに投資して、高齢者だからリスクが小さいものに投資して、という合理的なロジックはないと思っています。

基本的に資産を作っていく必要がある人にとっては全部同じ行動です。

40代、50代から始める資産形成は、積立金額を大きくする

S 実は、本の中に、「40歳から資産形成を始めても大丈夫？」というコーナーがあって、65歳までの25年間で、毎月3万円積み立てると、運用利回り年平均3％で1338万円、5％で約1787万円になるので、最低でも3万円、できれば5万円ぐらい、40歳から始めるんだったら積み立てていくということに努力してください、というメッセージを出しています。

N 努力しなければダメですよね。40歳スタートでも、全然悲観する必要はない

と思います。

実を言うと、すでに65歳というゴールは古臭いんですよ。だって今度の年金改革で公的年金の拠出可能年齢を70歳まで引き上げようとしているでしょ？

65歳という概念は、現状に縛られていることなんです。これから社会では、65歳で仕事を辞める人って、どんどん少なくなってきますよ。70歳まで働くことが当たり前になってくる時代になります。

逆に言うと、労働人口、全体の人口が減ってくるので、労働人口を維持しようと思えば70歳まで働ける社会にしていかないといけないのです。

効率的な資産形成に必要な考え方

H　ただ、年齢によっては資産運用の期間が短くなるということがあると思います。年齢によって注意しなければいけない点はありますか？

N

50歳になって貯蓄が「3000万円はあります」という人と、50歳まで宵越しの金を使いまくって貯蓄がゼロ円ですという人では、運用の仕方や考え方が変わってくるのは、当然ですよね?

やはり50歳でゼロ円だったら、「長期・積立・分散投資」の1回当たりの規模をかなり大きくしなければいけないということです。

H

時間軸と資金の割合を考えてなければいけないということですね?

N

そうです。もしある人が、今50歳で、70歳まで仕事をするということであれば、20年ありますから、十分に資産形成世代と言えます。

もし、その人が30歳から始めて、70歳まで40年かけて一定のものを作っていくのと同等のものを20年で到達しようと思えば、当たり前ですが、1回当たりに投入する金額は当然大きくなりますよね。

H

そうすると、最初にお話しされていたように、自分が最終的にどういう人生を送りたいか、どういう生き方をしたいかを、まず決めていかないと老後の目標金額も決まらないということですよね？

老後に必要な資金を逆算する「見える化」

N　そうです、そのことを「見える化」と、報告書の中では言っているのです。「見える化」とは、自分が今後どんな人生をイメージしているのか、老後どんな人生を送ることを望んでいるのか、そして、その人生には結果的に年間、毎月当たりどのくらいのお金が必要なのかを逆算して想定していく作業のことです。

だから、50代ともなれば、老後の「見える化」は自分である程度イメージできると思うんですが、20代の人はなかなかできないと思うんです。あまりにも老後は、まだ先だと思うから。

でも、すべての世代に、「見える化」の作業は必要だと僕は思います。

S また、年収３００万円以下など、入ってくるお金が少ない人でも効率的な資産形成の仕方ってありますか？

N 積み立てる時間がどのくらいあって、目標をどこに置くかっていうことによります。でも、年収３００万円の方って普通にたくさんいらっしゃいますよね？

もし、その方が30歳であれば、それこそ月1万円から始めて、全然いいと思います。途中で増やしていけばいいし。

しかし、50歳から20年間積み立てましたが、どうしても目標金額に届かないとか、そうなったら最後に出てくるのは、じゃあ取れるリスクを取っておきましょうってことなんです。

本の中で例に挙げている、予定利回りが3％っていうものは、たぶんグローバルなバランス型ファンドみたいなイメージだと思うんですけど。株式100％であれば、期待リターンは3％よりはずっと上がってきます。そういった調整が最後は必要となってくるんですよ。もちろん、負うリスクも高くなりますが。

また、老後に、どうしたって2000万円必要だと思えば、今を我慢するしかないです。今の生活をしながら、毎月5万円しか積み立てられませんって人が、気合で10万円にすることはできないでしょ？

「今の楽しい生活をしながら、将来も同じようにしたい、でも今まで何にもしていませんでした」は、自分の人生設計のミスなので、今から我慢して改めなければいけません。

そして、次に5万円、10万円を作る方法は本当にないのかって、考えなければなりません。

将来が心配だと言っているくせに、都心に近い家賃の高いマンションを借りていませんか？　なぜ家賃の安い遠くに住まないのですか？　こんな立派な車いらないでしょ？とか言いたくなります。

H　できないではなくて、できるためにどうする。できるために、今の自分の生活なり環境を見直していくことが、将来のための資産形成には重要なことなのですね。

N

だから、それをわかるためにも、「見える化」して認識するという行動が必要なのです。

「老後のお金が足りない、どうしよう」と言っている人たちって、思考停止して生きてきているんです。そんな人たちは、現実を認識するとつらいじゃないですか。だから「まあ、いいや」って、考えるのを止める。そして、最後は「なんとかなるさ」で終わる。

「なんとかなるさ」は、実際、20世紀はみんなそれでなんとかなってきたんです。でも、明らかに、日本経済が成長を生むのが難しい社会となっていますから、「なんとかなるさ」はもう通用しないと思います。

「なんとかなるさ」という甘い考えは、もう通用しない

S

つまり、マインドチェンジできていない人が、結局うまくライフプランを立

てられない、資産形成できないということなんですね？

N　そうです。今、20代、30代の人が、一定の忍耐のもとに続けていくというのは、可能だと思います。

でも、50歳過ぎて貯蓄がゼロ円だったら、それはやはり甘いことを言っていられない。本気で、それこそ死ぬ気で頑張る。

本当に老後、お金がなくなって、満足のいかない生活を強いられることを覚悟できないなら、「今死ぬ気で頑張る」というメッセージは逆にとても必要なことだと思います。

投資信託を選ぶときの7つのアドバイス

S　先ほど、「一般の人が、資産形成をしようと思って行動をしたときに、もっとも有効な活用ツールは投資信託」ということをおっしゃっていましたが、私の本の中にも、投資信託を選ぶ際に注意してほしいことを7つ載せています。

中野社長、ここで改めて、投資信託を選ぶ際に注意してほしいことを、教えていただけませんでしょうか？

最初は、信託期間が無期限であるということ、ですが……。

N これは無期限じゃないと長期投資を安心して続けにくいでしょう。

S 2番目に、分配金を再投資に回している。

N 再投資に回しているというより、分配金はできるだけないほうがいいです。

毎月分配型でも再投資型というファンドもあったりしますから、分配頻度は、一番少ないのがいいです。法律上、年1回が最低です。「つみたてNISA」も年2回までです。つまり、高分配型は避ける、ということではないでしょうか。

S

まとめますと、「分配金を再投資に回している」ではなく、「高分配型は避ける」ということですね。読者のみなさんも、このことは目論見書できちんと確認してほしいです。

そして、3番目が、購入時手数料や運用管理費が低い。これはそうですね？

N

購入時手数料は、無料が望ましいです。そして、「つみたてＮＩＳＡ」は制度上ゼロでなければダメです。

S

4番目に、銀行口座から自動積み立てができる。

N

銀行口座からでも、クレジットカードからでも、忘れないように自動的に積立資金が引き落とされることが大切です。

S

5番目が、純資産総額がなるべく50億円以上であること。

N そうですね、ある一定の規模があるものが望ましいですね。

S 6番目が、日本株だけに特化していないこと。

N 日本株だけでは合理的な財産作りはなかなか難しいと、思う。

S 7番目は、ターゲットイヤーファンドは避ける。

N ターゲットイヤーファンドは、リタイヤ世代以降、資産形成を大きくスローダウンしてしまうので、もう時代遅れだと考えます。

S 投資信託を選ぶ際には、読者のみなさんはぜひとも、この7つを参考にして選んでください。

また、資産形成をするうえで、目標を持った投資を投機と勘違いしている多くの人にとって本当に必要なのは、投資と投機についてのマインドチェンジということになりますか？

N それが金融業界挙げての最大の課題です。金融庁も、投機と投資の誤解を解くことに対して解決策を見出せていない。だから投資（資産形成の考え方）が浸透しないんですよね。

S それでも、一人ひとりが自分の将来のライフプラン、ライフデザインを描くようになることで、本来は自然と気がつくと思うのですが……。

日本には、資産形成で成功した人が出てくることが必要だ

N あと、やはり資産形成をして、きちんと結果を出した人が出てくることが必要なんですよ。

S モデルケースが出てくるということですか？

N そうなんですが、まだそういったステージに日本が、立てていない。「資産形成をしましょう」って関係官庁が言いだしてから数年しか経っていませんから。

それこそ、今から20年もすれば、「僕なんか資産形成したおかげで全然余裕で暮らしています」みたいな人がたくさん出てきていると思います。

S 出てきますかね？

N 「20年、30年、資産形成やっています」って人は、きっと今後成果を出すことでしょう。そうすれば一気に広がるんでしょうけど。

S しかし、今はまだ、資産形成関連の売れる本は、一攫千金型の本じゃないですか？　数年で1億貯めたとか。

N それは投機で勝負する以外、合理的には実現困難ですよ。
令和が終わる頃には、資産形成に対しての多くの人の認識が、ガラッと変わっているはずです。また、今以上に高齢者が元気になっているから、70代でも、80代でも現役で働いている人が多くいると思います。

S 自分が望んでいた豊かな暮らしを送りながら、仕事も続けてイキイキと生活していられるか？　それが、令和が終わる頃には、答えとして出てくるんでしょうね。

N 社会構造も、産業構造も変わっていかないといけないし。人は、どうしたって、今は元気でも、老いは避けられません。そのため、ＡＩだとか、ＩＴ、ロボットだとかがサポートして、若い頃ほど体が動かない高齢者が普通に仕事ができる社会にきっとなってくるでしょう。

S そうした時代が来ることを前提として、その時代に合った生き方ができるような資産を持っている、準備をしている、ということはやはり大切ですね？

N 資本主義社会で生きていくためには、お金は必要です。しかし、必要な額というのは、人それぞれ違います。

まさに「老後2000万円問題」っていうのは、そういうことなのです。

S 最後に30代、40代以降で、投資に興味を持っているけど、なかなか資産形成に踏み出せないでいる人たちに向けてのメッセージをいただけますでしょうか？

資産形成の一番の養分は、時間

N 将来における資産形成って、何が一番の養分になるかというと、これは間違いなく時間です。

投資の成果というのは時間をかければかけるほど、大きくなっていく。20

年過ぎぐらいから、複利の効果が劇的に効いてきます。

だから10年でなんとかしたいとかいうのは、実は、あまり現実的じゃないんです。30年、40年積み立て続けることによって、自分が想定していた金額より大きな金額になってくるんです。

そのことを言葉を変えて言えば、できるだけ早く資産形成をするための行動をしたほうがいい、ということなんです。

「今はギリギリの生活をしているから積み立てるお金を捻出するだけの余裕がない」とか言うのは、完全に自己弁護に過ぎません。もし、そういう考えを持っている人がいたら、「自己弁護にすぎない」と思ってほしい。

将来のお金というのは、今作っていかなければ、将来からは作れない。自分の給料から生み出すお金を将来に向けて、将来への仕送りをすることなのだから。

そして、時間に余裕がある年齢であれば、決して無理する必要はないと思います。毎月1万円でも積み立てなかった人に比べれば、令和が終わる頃にはすごい差がついている。それが21世紀の日本社会なんです。

豊かに暮らすか、お金に困りながら暮らすかは、すべて自分の選択

日本は民主主義で、自由が保障されているいい国です。

そういう国では行動した人が報われる。行動しなかった人は、残念な結果に終わる。日本とは、そういうフェアな社会なのです。

このことは、これからより明らかになってきますし、どちらの結果を選ぶかは、一人ひとりの自由です。

だから、「つみたてＮＩＳＡ」のような制度も自由参加になっているんです。民主主義でなければ、国が強制的にやらせればいいだけの話です。しかし、そういうわけにはいかないんです。あくまでも自分の人生は、自分の自由選択に任せるのが、民主主義なのです。

ただ、国は、自分が納得できて豊かな人生を構築していく行動手段として、報告書の中でこれだけ具体的にメッセージを出している。

あとは、それを素直に受け止めて、素直に実践するかどうかは、あなた次第ですとしている。そして、素直に受け止めて行動した人と行動しなかった人では、令和が終わる頃に、かなり大きな結果の違いが出ていることでしょう。昭和や平成のように、みんながある意味平等であった社会とは、まったく違う社会がやって来るのです。

そういう意味でも、令和というのは、本当に時代の切れ目になっていると思います。

だからもう一度言います。少額でもいいですから、早く始めること、そして、とことん続けること。これからの資産運用の常識は、生涯運用ですから、ずっと年をとっても資産運用を続けることです。

続けることによってお金は年をとらずに、いつまでも経済活動の中で働き続けてくれる。お金は働いている限り、育っていくということをわかってほしいと思います。

でも、無理をしてはダメです。無理すると続けられないから。これだけは肝に銘じてください。

S

令和元年に出す本としてはピッタリなお話をしていただいて、ありがとうございます。多くの読者が、資産形成に一歩を踏み出す勇気をいただけたと思います。とても有意義で貴重な鼎談となりました。

中野社長、林編集長、ありがとうございました。

読者のみなさん、いかがでしたでしょうか？

投資は怖いもの、損しかしないものという固定観念を少しでも変えていただけるきっかけになったでしょうか？

この鼎談が、みなさんにとって役に立つ情報をお届けできたなら、著者として大変うれしいです。

※投資に関しての最終的な判断は、読者ご自身の判断でなさるようお願いいたします。

【著者プロフィール】

鈴木ともみ（すずきともみ）

経済キャスター、ファイナンシャル・プランナー、日本記者クラブ会員記者。

早稲田大学トランスナショナル HRM 研究所招聘研究員、多様性キャリア研究所副所長。

埼玉大学大学院人文社会科学研究科経済経営専攻博士前期課程を修了し、経済学修士を取得。

地上波初の株式市況中継 TV 番組「東京マーケットワイド」や「Tokyo Financial Street」（ストックボイス TV）にてキャスターを務めるほか、TOKYO FM、ラジオ NIKKEI 等、ラジオ番組にも出演。

NIKKEI STYLE、マイナビニュース、FinTech Journal 等にてコラムを連載中。

国内外の政治家、企業経営者、ハリウッドスター等へのインタビュー多数。

「音楽×ドラマ語り」を披露する和洋サウンドシアターユニット「未来香音」のストーリーテラーとしても活動し、東京発信ライブと地方のまちおこしイベントを展開している。

著書に『デフレ脳からインフレ脳へ』（集英社）がある。

装幀　森 裕昌

今《いま》からでも間《ま》に合《あ》う！　人生《じんせい》１００年時代《ねんじだい》を生《い》きるための資産形成《しさんけいせい》

資産寿命《しさんじゅみょう》を延《の》ばす逆算力《ぎゃくさんりょく》

2019 年 12 月 31 日　　　第 1 刷　発行

著　者　鈴木《すずき》ともみ
発行者　林　定昭
発行所　シャスタインターナショナル
〒 203-0013　東京都東久留米市新川町 2-8-16
電話　042-479-2588（代表）
https://www.shasta.co.jp
印刷所　中央精版印刷株式会社
© Tomomi Suzuki 2019, Printed in Japan
ISBN978-4-908184-27-7 C0030
◆もし落丁、乱丁、その他不良の品がありましたら、お取り替えします。お買い求めの書店か、シャスタインターナショナル（☎ 042-479-2588）へお申し出ください。
◆本書の内容（写真・図版を含む）の一部または全部を、事前の許可なく無断で複写・複製したり、または著作権法に基づかない方法により引用し、印刷物・電子メディアに転載・転用することは、著作者および出版社の権利の侵害となります。